电商精英系列教程

网店视觉营销

淘宝大学 编著

電子工業出版社
Publishing House of Electronics Industry
北京•BEIJING

内 容 简 介

本系列丛书由淘宝网组织一流专家团队编写，将淘宝网的网店运营专才教程化整为零，得出网店运营细分门类：美工、客服、推广、数据化营销、流程化管理等，以满足日新月异的电子商务人才发展需求，也适合各培训机构、职业院校作为教材使用，同时满足部分学员自学的需求。

本书主要讲解网店视觉化营销的基础知识，其间穿插实用的案例。希望读者经过专业系统的学习，能够迅速掌握网店视觉营销的职业技能。本书适合网店美工人员、营销人员和电子商务专业的学生学习参考。

图书在版编目（CIP）数据

网店视觉营销 / 淘宝大学编著. —北京：电子工业出版社，2013.1
（电商精英系列教程）
ISBN 978-7-121-19052-0

Ⅰ. ①网… Ⅱ. ①淘… Ⅲ. ①电子商务－商业经营 Ⅳ. ①F713.36

中国版本图书馆 CIP 数据核字(2012)第 281661 号

策划编辑：林瑞和
责任编辑：张丹阳
印　　刷：中国电影出版社印刷厂
装　　订：中国电影出版社印刷厂
出版发行：电子工业出版社
　　　　　北京市海淀区万寿路 173 信箱　邮编 100036
开　　本：787×980　1/16　印张：17.5　字数：358 千字
版　　次：2013 年 1 月第 1 版
印　　次：2021 年 9 月第 23 次印刷
定　　价：59.00 元

凡所购买电子工业出版社图书有缺损问题，请向购买书店调换。若书店售缺，请与本社发行部联系，联系及邮购电话：（010）88254888，88258888。
质量投诉请发邮件至 zlts@phei.com.cn，盗版侵权举报请发邮件至 dbqq@phei.com.cn。
本书咨询联系方式：010-51260888-819，faq@phei.com.cn。

前 言

从 2003 年至 2012 年，电子商务的发展已经经历了两个 5 年，顾客群体对于网络购物的用户体验要求越来越高，可以选择的余地也越来越大，再加上传统企业批量进驻网络购物平台，拥有强大资本和雄厚实力的集团军争先抢占顾客资源和市场份额，而且竞争越来越激烈。而其中对于订单转化率、吸引流量和转化流量，前端人员最重要的工作就是用视觉手段去展示商品、吸引顾客、为顾客展示说明，以及达成品牌的传达。因此，视觉设计的重要性不言而喻。

在这个飞速发展的时代中，我们发现，在目前的人才体系中，美工设计岗位的空缺和美工技术的落后远远高于客服和推广岗位。虽然大家都很重视美工设计人才，都深刻了解视觉的重要性，但美工难招，招来难用好，是普遍现象。我们知道，美工的来源有两个渠道，第一类来源于高校，科班出身，受过良好的美术基础训练。但这类美工上岗后“水土不服”，做不出商业化的东西，而且出活慢，对网页语言不了解。第二类来源于草根，也就是通过开店的需要而自学 Photoshop，这类美工的技能强，能够很快出活，但是他们的缺点是没有系统的美术基础知识，缺少对于审美、色彩搭配、页面表达等一系列的把握，所以设计出来的效果只能说能用，但不出彩，而且大多难以避免流于俗气，没有档次。我们认为，好的美工一定是同时具备技能和理论知识的。

实际上，一个好的视觉的产生不仅仅要求美工只具备以上两点。我们对设计师和设计总监又有了更高的要求，不仅要求他们具备美工技能，更要具有运营思维、策划能力、文案组织能力，以及好的创意。除此之外，还要求他们能够带领美工团队完成所有任务。但这样的超级人才往往可遇不可求。

对于目前电子商务团队的格局和架构，我们的视觉部门并不是独立工作的，还需要配合公司的运营部门和策划人员，这样才能将策划的整体思路用图文表达出来，才能将运营的意图完整地呈现出来，才能够取得好的效果。

既然招到一个优秀的美工很难，那么要打造自己优秀的美工团队就是一件重要、紧急，而且需要持续做的事情。

因此，本书的出版希望能够帮助解决美工人才的三个问题：一是解决美工的基本技能问题；二是解决美工的系统知识欠缺；三是让美工能够对运营和策划有所了解，让他们在工作中能够与前端部门配合，全面提升工作效率和工作效果。

我们将电商精英系列教程的《网店美工》拆分成厚厚的两本：一本介绍淘宝平台美工编辑相关后台和入口及各页面的具体操作，适合需要补充技能基础的工作者。另一本介绍页面的布局框架、美工的基本色彩知识、文案创意转化，以及数据分析，来提升美工的设计质量，也帮助团队能够更好地和美工之间达成协作和沟通。

在本书的编写过程中，我们遇到了很多困难和困惑。其中最大的一个问题在于，我们认为视觉既是一个虚幻的、无法表达的感受上的东西，但又要提炼出理论来做成一个可以执行、可以操作的所谓的标准，是一件不容易做到的事情。还有其他问题，比如，页面数据的纯净度影响的方面非常多，而且数据需要长时间的采集和对比，这些难度都远远超过我们之前所想到的。这些都导致肯定不能做到所有的理论都有丰富的数据来支持，那么这些新的观点是否能够被接受？

因此，为了把本书写得更好，在本书的作者团队中，我们首创了一个新的模式，不仅加入了受过正统美术教育的设计师讲师，也加入了具有丰富运营经验的讲师，还有从草根出身但积累了多年美工经验的讲师。另外，还咨询了各个领域具有宝贵经验和资历的多位讲师，他们给予了本书积极的指导和宝贵的建议。在这里要特别感谢林达老师，他提供了大量案例和数据支持，还对本书进行了审阅并提出了建议。

还有很多诸如此类的问题也在不断出现，但经过我们不断思考和论证，我们认为，任何一个所谓的标准都不可能完全通用，也不可能适合于电商所有发展阶段的团队，更不可能永远适用于现阶段的团队。因为电商发展速度之快，是我们无法想象的。我们在此书中提出的观点虽然可能不尽完美，但若能够给现阶段的电商一些思考和实际的帮助，将是本书存在的最大价值。

本书中，有些观念可能比较超前，有些观念还可能会遭到很多批判的声音。但我们希望能够不断地完善，无论是文字还是课程，都希望能够给予大家实际的帮助。所以，我们也会积极欢迎和接受善意的批评和指正，以期能够不断进步。

在本书完成的过程中，我们经历了 2012 年的“双 11”大促销，在此特别感谢本书的各位作者，在年底特别忙的特殊时期，还能够尽心尽力地完成书稿并对其进行修订。更要感谢各位作者的家人，他们给予了包容、关怀和支持。最后，我作为组长，特别代表大家感谢淘宝小二紫栖对各位作者的关心和照顾，他伴随我们渡过了这一段难忘的日子。

王珊

2012 年 12 月

目 录

第 1 章

网店视觉营销基础知识

目前中国网民有近 4.5 亿人，并以 1% 以上的增速逐步增长，而这些网民都是电子商务的消费者或是潜在消费者。近年来，随着电子商务的快速发展，人们在网上购物消费的习惯也逐步形成并日常化。人们的部分购物行为已经从传统的线下商场购物逐步转移到互联网上，同时淘宝网因汇集了日常生活的各种消费品而成为网民首选的电子商务购物天堂。因此，有了“没人上街，不一定没人逛街！”的说法。

淘宝网好比一个大型的购物城，人潮汹涌，各条商业街沿街林立着各类特色店铺，同时还座落着一个巨型商场——天猫，商场中各楼层有规划地分布着各品类店铺。而在众多店铺中如何让你的店铺引人注目，让人驻足从而进入店铺，并让其享受进店购物的整个过程，甚至使顾客流连忘返，这便是网店视觉营销的魅力了。网店和实体店面一样，需要店外广告来吸引顾客；需要店铺招牌来告知顾客；需要店铺陈列来引导顾客；需要高性价比的商品来打动顾客。如图 1-1 所示为天猫的电视广告。

图 1-1 天猫电视广告从情感上让观众认识到电子商务对人们生活的转变

然而追求个性与时尚的今天，人们对视觉化、时尚的东西更为挑剔。我们目前所流行的时尚也称为“潮”，相信很多设计师都是潮人。然而店铺视觉设计在“潮”的同时也要注意和遵循一定的原则和方法，才能让广大受众在快餐式生活中快速与设计师的思想产生共鸣，真正体会到设计师对产品的理解。

“让欲望不再失望！”随心所欲，轻松网物，优秀的网店视觉营销能让网友在忙碌工作及生活中享受网购，体验那份轻松与快乐！

1.1 网店视觉营销综述

1.1.1 视觉营销定义

电子商务时代，顾客在淘宝网购物，就像是在购物城中逛街，在众多店铺中，哪些信息可以在短时间内抓住他们的眼球就是关键。淘宝网中的一个个广告信息，如同实体店沿街打出的一幅幅户外广告，而顾客会进入哪家店铺，取决于哪个广告对他更有吸引力。为什么访客进入店铺便立刻跳失呢？为什么好不容易吸引顾客进入店铺，却又留不住顾客促成交易呢？为什么辛辛苦苦策划的店铺活动却没人点击呢？

其实很明显，是你的店铺相关视觉出现了问题。也许是你的促销广告没有突出重点和主题；也许是你的店招及首页没有诠释好品牌和定位；也许是你的产品页面没有传达好产品的功能和益处。这些可以归结成一个概念——视觉营销。如图 1-2 所示。

图 1-2 视觉营销解决的几大问题

视觉营销是一个外来词，英文为 Visual Merchandising，简写为 VM 或 VMD。视觉营销也称商品计划视觉化，即在市场销售中管理并展现以商品为主的所有视觉要素的活动，从而达到表现品牌或商品的特性以及与其他品牌或商品的差异化的目的。这项活动的核心是商品计划，同时必须要依据企业的品牌理念来做决定。而其实现的过程就是利用色彩、图像、文字等方式充分展现品牌或商品，从而吸引顾客的关注，由此增加人们对品牌和产品的认可度，同时产品描述的视觉展示就是用视觉来传达产品的性能与优势，最终达到营销制胜的效果。即视觉是手段，营销是目的，而营销通过视觉来呈现，如图 1-3 所示。

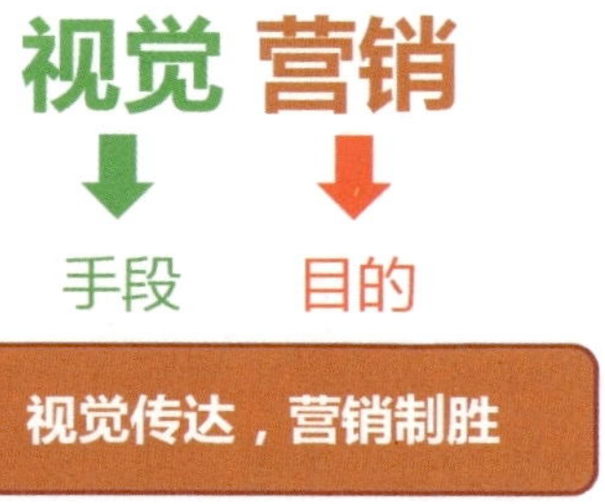

图 1-3 视觉是手段，营销是目的

1.1.2 实体店与网店的视觉营销

实体店的视觉营销是实施有效的设计思路，从而提高商店的客流量和销售量的艺术。同样，网店视觉营销也是实施有效的视觉传达设计，以提高网店的流量和转化率，最终提高销售额的艺术。

实体终端卖场营销手段主要通过对 POP 海报、通道规划、橱窗、货架、模特、产品、灯光、音乐等方式，达到促进产品销售、提升品牌形象的目的。相对的，电子商务网店营销手段通过店外广告、用户浏览动线规划、店招、轮播广告、产品描述、气氛效果、视频、音乐等方式。如图 1-4 所示，简要对比了实体店和网店的联系。

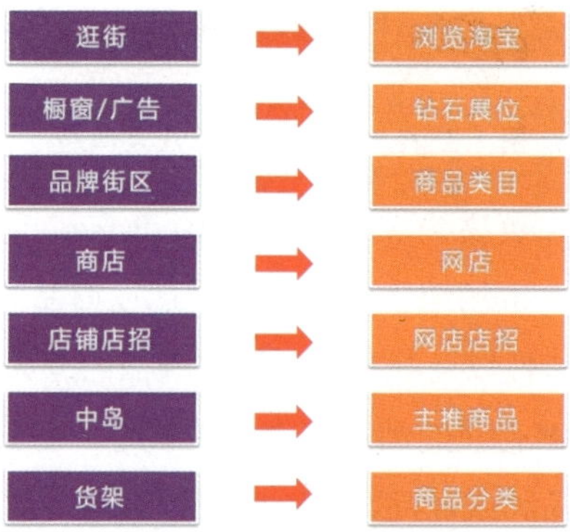

图 1-4 实体店与网店的联系

传统的实体店和电子商务网店，在销售过程中，视觉营销的方式是极其相似的。其VMD 不仅涉及 POP 广告、展示、陈列、装饰、销售的卖场呈现，还涉及企业的品牌理念以及产品市场规划的经营体系等重要“战略”。

如图 1-5 所示为 adidas 某家专卖店的现场照片，我们看到这个专卖店的视觉营销做得很到位，除了常规的品牌展示、橱窗广告、商品陈列、灯光布局之外，还运用了一个店内电子显示屏，这样把普通的固定式宣传变成了灵活的电子宣传展示。整体店铺做到全方位视觉呈现。

图 1-5 adidas 某实体专卖店的视觉营销

如图 1-6 所示为 adidas 淘宝官方旗舰店的视觉营销页面，网店相比实体店，营销为目的是永远不变的，变的只是在展示方式上更加考虑了浏览网页的用户体验，这一点将涉及具体的页面布局，这部分内容将在后面的章节中详细讲解。

图 1-6 adidas 淘宝官方旗舰店的视觉营销

所以无论是实体店还是网店，都不是简单的“展示与陈列”，都包含了环境以及商品的店铺整体表现。完整的 VMD 需要市场分析、营销策划、视觉设计、市场推广等多种专业知识和分工的协作。

然而，网购与实体购物还是存在很大区别的，其中最大的区别就是顾客对商品的第一感知。实体购物中，人们看得见、摸得着商品，而网购中，顾客都是从文字和图片来了解商家和产品的。在网络快速发展的今天，人们获取信息的方式趋于碎片化阅读，人们更习惯于“读图”，而对大篇幅的文字说明缺乏阅读的兴趣和耐心。因此，网店有效的视觉传达设计将成为影响整个购物过程的重要因素。视觉传达效果的好坏直接影响顾客对店铺、对商品的认知感和信任感，甚至还对品牌形象的树立起到决定性的作用。

1.1.3 网店视觉营销的意义

视觉营销的表象是视觉呈现，其核心目的是营销。就是让受众通过视觉了解产品和品牌的同时最终达成交易，甚至成为该品牌的忠实顾客。

电子商务更加讲究“用户体验”，从销售的角度来讲，网店视觉营销就是要塑造一个良好用户体验的网店，让目标顾客容易进、容易看、容易懂、容易选、容易买、容易回的店铺，让商品转化率与销售额产生直接联动。从实体店铺的角度来说，就是容易在终端产生销售的意思。如果从实体导购员的角度来说，商品容易看、容易拿取、容易尝试，也是直接与容易销售相联系的。而网店中，产品描述就是导购员，网店视觉营销的理念就是达到顾客与网店双方在买与卖之间均可获得方便的效果。如图 1-7 所示为网店用户体验的六易原则。

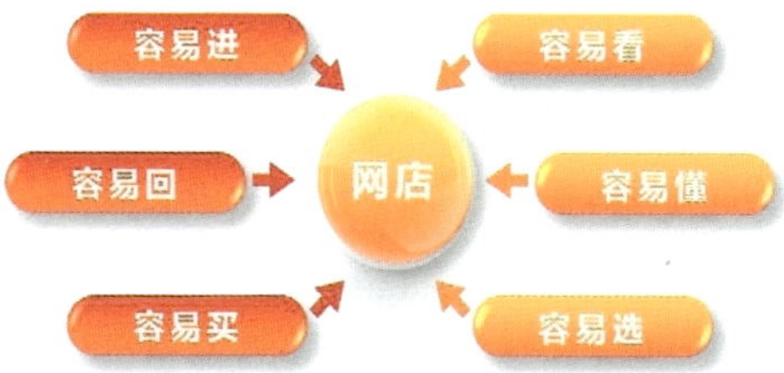

图 1-7 网店用户体验的六易原则

1. 容易进

对于店铺在全网的角度而言，“容易进”主要应用于淘宝常规的营销及推广手段，比如，优化宝贝标题提高自然搜索；投入直通车、钻展等付费引流；做好全网 SNS 和淘宝 SNS 的免费引流（淘宝 SNS 营销是目前淘宝营销的又一核心，是有效的营销推广方法，值得大家学习）；站外其他付费的引流等。然而这些推广中除了“标题优化”外，从某种程度上可以说各种方法都将是“视觉化”的引流方式。好的设计是让用户容易进入你店铺的关键要素。另外，对于进入店铺后，还有一层“容易进”，即容易进入各个分类或各个主推的栏目频道，甚至容易进入主推单品，视觉上有引导地让用户跟着你精心规划的店铺路径走。

2. 容易看

顾客进入店铺就要尽可能留住他，除了产品本身是否有吸引力外，用户在浏览时，给他的视觉呈现是很重要的，不论是产品、广告还是文字，一定要让用户能很容易地识别，从而最终达到有效传达的目的。

3. 容易懂

容易懂主要是顾客要读懂你。因为你卖自己的产品，对产品了解是很到位的，然而要让顾客真正了解你的产品才是关键。在网络零售中，要让顾客了解你的产品，也就是相关视觉图片顾客要看得懂、文字要读得懂、卖点要真的懂。因为顾客的知识背景、人生经历、年龄大小等多方面的不同，要让大众都能读懂你，你就要把产品的特点抽象成图、文，甚至视频的方式呈现给顾客，让其轻松理解你。

4. 容易选

容易选主要涉及产品的分类设置、导航引导、产品推荐等。产品分类好比商场或超市中的区域划分和商品陈列，如果它们随便规划和摆放，一定不利于用户的选购。因此，我们在视觉规划店铺时，就要做好导航条和导航区域的规划以及产品分类的规划，从而方便顾客查找和购买。

5. 容易买

从技术层面，对于电子商务网站设计而言，买这个动作还是比较容易的，比如“立刻购买”或“放入购物车”，同时要在后续流程中注意用户的习惯。然而对于用户体验上的“容易买”就涉及较多方面了，以上几点从广义角度看，也属于容易买的范畴，而具体要注意以下几点。

（1）店铺中的广告是否都链接到相应的产品页。

（2）具体的产品页是否帮用户考虑到搭配套餐的选择。

（3）产品页中的关联销售是否有必要，尽量去除无关冗余的非关联广告。

（4）产品页的图片尺寸和大小是否有优化，是否利于用户快速打开阅读。

6. 容易回

容易回主要涉及两个方面，一方面，从情感上，要让其对你的店铺及品牌留下深刻的印象，记住你;另一方面，从应用上，可以让你的“店铺收藏”尽量明显或是和别人不一样，让用户容易收藏你的店铺，当然，你还可以设置“店铺收藏有礼”的方式，吸引用户收藏你。

如图 1-8 所示为一些店铺的头部导航条和个性收藏按钮，以及目前淘宝 SNS 中“店铺动态”所联系的收藏送淘金币的活动。

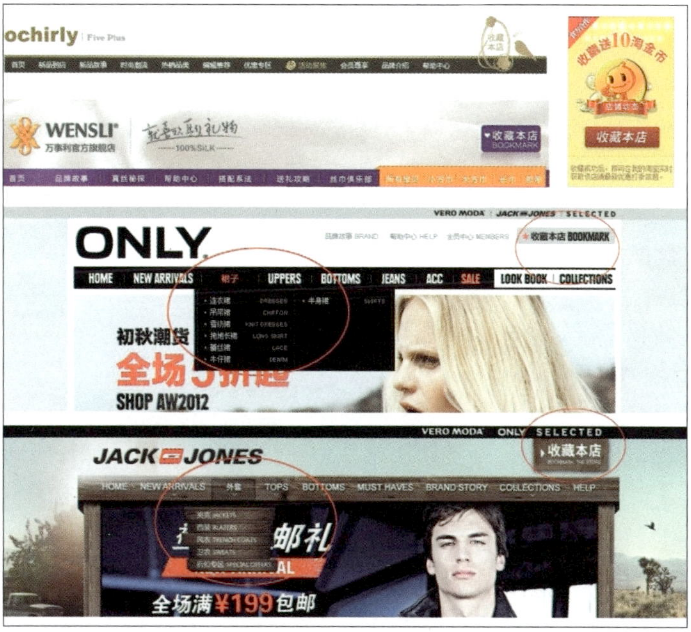

图 1-8　店铺的头部导航条和个性收藏按钮

我们说过，网店视觉营销的目的是营销，而最终意义是为了促成交易，提高销售额。好的视觉营销是提高网店销售额的关键要素之一。有人可能会问：不是说产品是核心吗？是的，产品应该是任何购买行为的基础，但也不是全部，有的时候该产品可能并不是自己完全需要的，而在有效的视觉营销后，让人产生了购买的欲望，甚至觉得不买就亏了，最终下单购买，同时还可能为亲友推荐该产品。这些当然是所有的卖家想要达到的效果，因此，卖家一定要把视觉营销提到产品运营的首要环节中。

从某种意义上说，网络卖产品就是卖图片。再好的产品或服务，在网络零售中如果没有用很好的视觉表达出来，也将无人问津；而普通的产品（产品质量一定要没有问题）通过有效的视觉表达，也能吸引受众，甚至成为爆款。

如图 1-9 所示，这是作为卖家一定要知道的公式：销售额 = 流量 × 转化率 × 客单价。

图 1-9 视觉营销提高销售额

总的来说，网店视觉营销主要有以下好处。

第一，提高流量。好的视觉广告图能吸引用户的眼球，这点从直通车、钻展以及站内外硬广的点击率数据上就能很明显地看出。

第二，提高转化率。好的产品描述页能吸引用户认真细看，直至心动购买，这点也是毋庸置疑的。

第三，提高客单价。好的视觉营销店铺路径、适当的店内广告位以及描述页必要的关联营销等，都将为提高客单价提供机会。

另外，好的视觉效果也会给用户更多的信任感，能让用户记住它，提高用户的回头率并对店铺的品牌提升奠定了基础。

1.2 视觉设计元素

网店视觉设计不算是一门学科，没有绝对的规范和标准，它更像是美学和商业的结合体，学习并通过实践得到验证，形成了一些可以借鉴、学习的规律，从而应用在店铺视觉中，可能会具有惊人的视觉冲击力，最终达到意想不到的视觉传达效果。网店视觉营销的主要原则仍是为了增加销售，在这“非真正艺术”的情况下，应用好视觉元素，做好视觉传达设计，让顾客感受到店铺的吸引力和感染力，最终使其成功购买并认知该品牌。

图形最基本的类型是点、线、面。这三种元素组成了我们丰富的视觉呈现，让我们的眼睛和大脑对其产生特定的感知。本节主要让大家了解视觉传达设计中最主要的几种类型的元素，为今后的设计提供一个方向和概念。

点、线、面并不仅仅是字面上的几何图形，它可能是普通的几何组成，也可能是从中延伸的一种感觉。如图 1-10 所示，这张图就是一张包含点、线、面和负空间的设计稿。一个个散落的物体，在图中即可抽象成“点”；木纹的横状条纹以及随意的耳机线、怀表链、相机挂绳，在图中可视为“线”；中部的羊皮卷可以理解为“面”。整体用这些随意布局的桌面表现了一个负空间，即物体之间的空间，营造一个桌面感并突出了中间羊皮卷上的一段文字信息。当然，并不是说这张设计稿很优秀，这里只是先让大家了解何为设计中的点、线、面等，具体内容本节将会详细说明。

图 1-10 拟桌面设计稿

如图 1-11 所示为天猫活动卖家广告图，该图同样应用了点、线、面以及字体的有效布局，同时应用了高饱和度、高对比度的颜色，整体突出了主题和产品。

图 1-11 天猫活动卖家广告图

1.2.1 视觉中的点

点看起来是个简单的图形，但实际上它又很复杂，可以算是其他所有图形的构成基础。单个点的特征就是聚焦，当它在一个空间呈现时，人们的注意力经常很容易被该点所吸引，同时它又很容易和其周边形成明显的对比。多个点就是辐射的，会有一种扩散感。点不一定都是圆形的，当点不断扩大到一定面积时，其轮廓也许已经变成某种形状，比如方形、三角形、圆形，甚至不规则图形，或是某种平面图形，但是对比其周边的空间来说，该形状在某种意义上仍然是个点。

当一个点在一个空间中呈现时，这个点在空间中的位置以及点与空间边缘的位置关系都将影响着人们视觉的重心。如图 1-12 的 A 图所示，一个点在中间，让人感觉是相对平衡的、静态的，随着点的偏移，如图 1-12 的 B 图所示，平衡感被打破，随之而来的是一种空间的张力，一种不稳定性的产生。当在空间中再引入第二个点时，如图 1-12 的 C 图所示，观众的注意力又将从一个聚焦上转移成两个点的相互联系上。当两个点一大一小时，随之产生了一种新的张力，如图 1-12 的 D 图所示，这时平面中的两个点仿佛在空间中，从而有了三维景深的感觉。

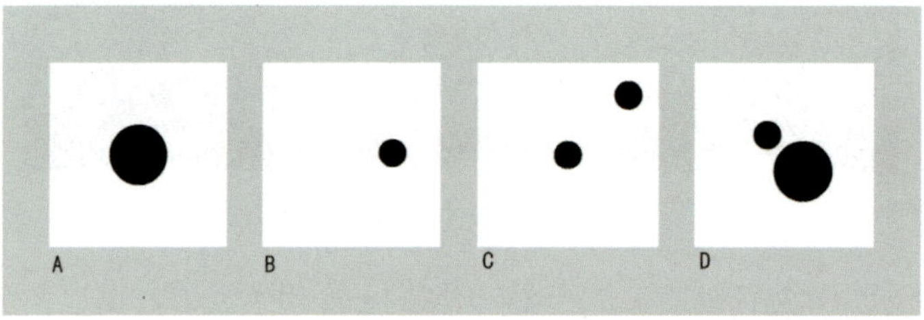

图 1-12 视觉中的点

点不一定是圆形，如图 1-13 所示为香奈儿 CHANEL 网站中的一张广告图，该广告十分简洁，一副乒乓球拍和拍套，以及一颗乒乓球，拍面的品牌 Logo 很明显地映入眼帘，整体画面视觉中心很明晰，没有任何多余的元素干扰，让人一眼就了解了产品和品牌。正所谓“精于心，简于形”！

如图 1-14 所示为路易威登草间弥生系列的造型图，日本当代艺术家草间弥生将鲜艳色彩及圆点图案注入马克·雅可布（Marc Jacobs）优美妩媚的女装设计中。人物穿着和背景都是点的分布，零散的点与人物及其衣物形成不同的张力，显得非常活跃，一个个点像是跳动的音符，拨动着人们的心弦。

图 1-13 香奈儿 CHANEL 网站广告

图 1-14 路易威登草间弥生系列的造型图

如图 1-15 所示为路易威登草间弥生系列部分产品，色彩艳丽，设计大胆。这是“点”在产品表面设计元素上的应用。点的大小、疏密、色彩的对比等，构成了这一系列独有的个性化时尚。

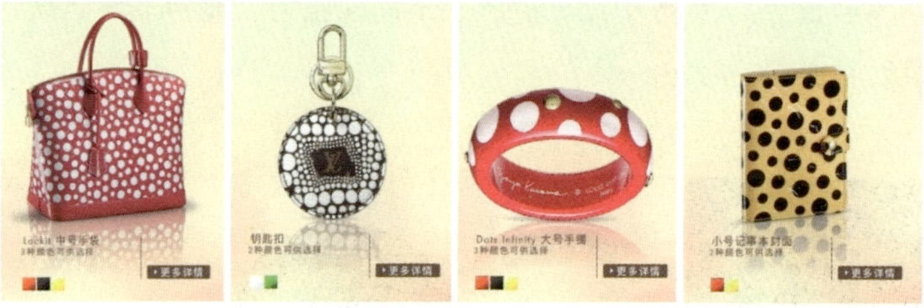

图 1-15 路易威登草间弥生系列部分产品

1.2.2 视觉中的线

线的性质是运动的，代表着一个方向或是一种引导。点具有聚集的功能，而线具有分隔空间、连接物体的功能，同时具有一种韵律的跳跃感。线的粗细疏密组合，都将产生不同的韵律，甚至波形的曲线更是让画面具有一些流动感，强化了构图中的动势。

如图 1-16 所示为一系列疏密相间的线条，不断变化，相互间距离的大小产生了变化的韵律。让人感觉线条是在运动的，而画面主体的文字相对又是静止的，动静结合，在视觉上具有一定的冲击感，让人印象深刻。

图 1-16 疏密相间的线条广告

如图 1-17 所示是一位来自新加坡的多媒体设计师 Rayz Ong 的作品。该作品主要是以新加坡 174 号巴士为主题，在路途中记录乘客人数，下车和机载数据统计，包括种族、性别、年龄组和许多其他的数据。在很多情况下，原本数据的表现使用的是普通的表格或是柱状图之类的，而设计师在其原始数据收集后使用平面设计（信息图形），再转换成一张数据设计图。设计图以中心向外扩散的线为主要手法，视觉化描述了各项指标的柱状图，具有很强的视觉冲击力，作品通过相应的视觉语言把文字和数据用图像传达出来，让人印象深刻。

图 1-17 Rayz Ong 37MIN BUSRIDE 作品

如图 1-18 所示为小狗电器的一款“黄金吸尘器”，设计的视觉中心可以认为吸尘器是一个点，在图面的中心。该款为高端吸尘器，做工精致，外表刚硬，在流线形的顶部，设计师特意画了一道柔美的曲线，不仅能增强其视觉吸引力，而且还诠释了产品的特性，勾勒出产品顶部的流线形的特点，强化了产品的外形卖点。

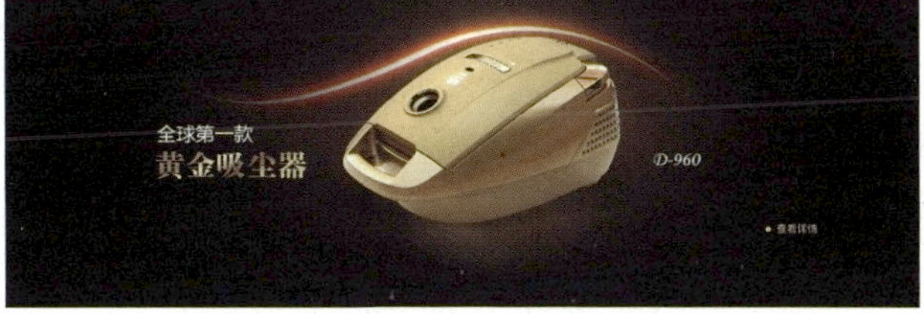

图 1-18 小狗电器的一款“黄金吸尘器”

1.2.3 视觉中的面

当“点”大到一定程度，其轮廓就可以形成一个面，面越大，点的性质越不明显。面可以是圆形、方形、三角形等规则形状，也可以是外形不规则的异形轮廓。

如图 1-19 所示，旋转的块状矩形相互叠加，形成不对称的布局，产生一种扩散的动感。

图 1-19 旋转的矩形

如图 1-20 所示为雅马哈 MCR-730 组合音响，图中大音响放的面和背景为两个大的长条块状面，根据光线明暗的设计处理，让人感觉二维的画面有三维的空间景深感。同时音响背后的三块紫色异形几何面，更反衬出前景音响，突出了产品，带尖角的色块也让产品更显刚硬，平静的画面瞬时有了动感。整体设计简洁明快，新颖亲切，具有一种与信息时代相关联的时尚现代感，包含一种与现代生活相符合的精神。

图 1-20 雅马哈 MCR-730 组合音响

如图 1-21 所示为卡宾官方旗舰店首页的一张广告图，和刚才的雅马哈产品广告图有异曲同工之妙。都运用了大面积色块，故意给画面制造不稳定性，突出主物体。因此块状面用作背景时，对于适当突出物体能起到一定的作用。

图 1-21 卡宾官方旗舰店首页广告图

1.2.4 视觉中的图案

这里的图案，可以理解为那些各式各样的几何图形，包括自然界中各种物体的轮廓，以及各种纹理。图案，在视觉设计中应用极其广泛，设计中经常会用到各种图案，比如一片枫叶、一个音符等，它们可能是画面中小的点缀元素，也可能是画面中大面积的背景元素。中国传统元素的设计中，经常叠一样中式纹理；欧式的设计中，经常会用到类似牛皮纸之类的作为背景；现代设计中，有时也会用到规则的条纹叠于背景之上，做成电子显示的条纹状，尽显质感等。

如图 1-22 所示为早期苹果 iPod 的宣传组图。图以一组伴着音乐随之舞动身姿的人物黑色剪影为素材，结合艳丽的背景，整体突出了人物手中的 iPod MP3 播放器。剪影人物的不同，也进一步说明了这款 MP3 适用的人群广泛。

苹果这组广告，除了运用剪影图案的效果外，鲜艳的颜色也是其广告成功的另一个原因，1.3 节将从色彩的角度来说明颜色对视觉营销的重要性。

图 1-22 苹果 iPod 的宣传组图

1.3 视觉色彩

色彩，是一种极具视觉冲击力的传播工具。色彩是因为光波反射而产生的，再由观众的眼睛传递给大脑，从而影响人们对所看颜色的心情与感受。因此，理解和把握好色彩的应用，是做到有效视觉传达的关键。无论是平面设计，还是网页设计，色彩永远是最重要的一个环节。当我们距离显示屏较远时，我们看到的不是具体的文字和内容，而是舒服的版式或美丽的图片，以及页面的色彩。色彩的应用在网店视觉表现中尤为突出，店铺的整体色调、色彩搭配是否符合企业 VI（Visual Identity，视觉识别系统）体系，店铺的宣传广告是否能抓住观众的眼球，都离不开对色彩的诠释。

说到色彩，不得不提到淘宝潮牌七格格和运动品牌 Kappa，如图 1-23 和图 1-24 所示，色彩运用大胆，尽显青春朝气、运动活力。

图 1-23 七格格 OTHERMIX 旗舰店首屏

图 1-24 Kappa 官方旗舰店首屏

本节将从色彩的基础理论开始让大家快速理解色彩的应用及其搭配规律。

1.3.1 色彩基本属性

首先我们来学习三原色。三原色分为色光三原色和色料三原色，如图 1-25 所示。

在不同的色彩空间系统中，有不同的原色组合。可以分为“色光加色法”和“色料减色法”两种系统。

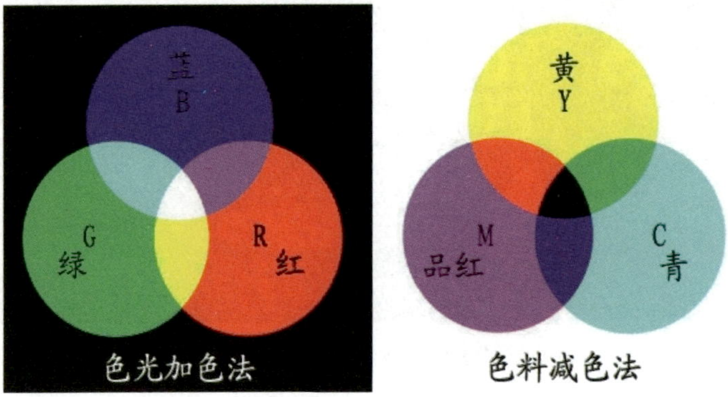

图 1-25 色彩三原色

（1）色光三原色——加色法原理。人的眼睛是根据所看见的光的波长来识别颜色的。可见光的光谱中大部分颜色可以由三种基本色光按不同的比例混合而成，这三种基本色光的颜色就是红色（Red）、绿色（Green）、蓝色（Blue）三原色光。这三种光以相同的比例混合且达到一定的强度，就呈现白色（白光）；若三种光的强度均为零，就是黑色（黑暗）。这就是加色法原理，加色法原理被广泛应用于电视机、显示屏等主动发光的产品中。

（2）色料三原色——减色法原理。减色法原理中的三原色颜料分别是青色（Cyan）、品红色（Magenta）和黄色（Yellow）。在打印、印刷、油漆、绘画等应用中，是靠介质接收光线照射表面，同时反射，物体所呈现的颜色是光源中被颜料吸收后所剩余的部分，所以其成色的原理叫做减色法原理。减色法原理被广泛应用于各种被动发光的场合。

色彩，分为无彩色和有彩色两大类。无彩色如黑色、白色、灰色，有彩色如红色、绿色、蓝色等。无彩色有明有暗，表现为白色、黑色以及过度的灰色，也称色调。有彩色表现很复杂，但可以用三种属性来确定，即色相、纯度、明度。这三个属性是界定色彩感官识别的基础，理解和把握三种属性的变化是应用色彩的基础。

如图 1-26 所示是一幅孟塞尔颜色系统的简要指示图，图中较直观地说明了色彩三属性的规律。

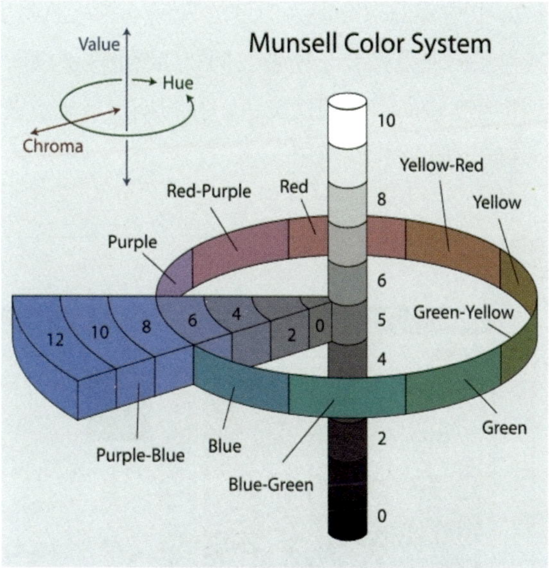

图 1-26 孟塞尔颜色系统

1. 色相（Hue）

色相是由波长的不同而定义的不同色彩的特征，是指色彩的相貌。它是一种颜色的本体特征，如红色、黄色、蓝色等，如图 1-26 所示的大圆环即为色相环。日常我们看到一件红色的衣服，并不是说我们所看到的衣服自身是红色的，而是光线照射在衣服上时，只有红色反射进入人眼，而其他色都被其吸收了。

2. 饱和度（Chroma）

饱和度也称为纯度，指的是色彩的纯净程度，即饱和程度，光波波长越单纯，该色相的纯度越高，饱和度越高；相反，该色相的纯度越低。高纯度的色彩非常鲜明，低纯度的色彩比较暗淡。如图 1-26 所示的扇形部分表示的就是色彩的纯度，越向外纯度越高。在孟塞尔颜色系统中，无纯度被设定为 0，随着纯度的增加数值逐步增加。

3. 明度（Value）

明度是指色彩的明与暗程度。白色是明度最高的颜色，黑色是明度最低的颜色。在孟塞尔颜色系统中，图 1-26 中垂直的部分即为明度的表现。黑色的明度被定义为 0，而白色的明度被定义为 10，其他系列灰色则介于两者之间。当然色彩的明暗是相对而言的，比如深蓝色和黑色相比，显得明度较高；而相比黄色，显得明度较低。把一种高纯度色相的颜色提高明度，其纯度会降低。如图 1-27 所示。

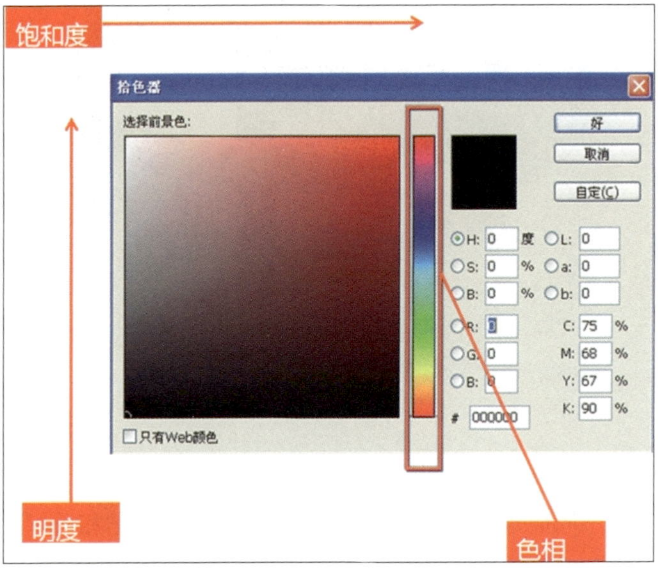

图 1-27 拾色器中的色相、饱和度、明度表示

如图 1-28 所示是爱国者一款无线网卡的广告图，色彩的对比指引着我们对信息的阅读顺序。我们最先阅读到的是最显眼的“39 元包邮”促销元素，以及处于图中黄金分割位置与钢琴白键盘对比色的产品网卡本身，因为它和背景色彩在明度上形成了鲜明的对比。其次阅读到的是金色的广告语，以及 Logo 和其他细节。

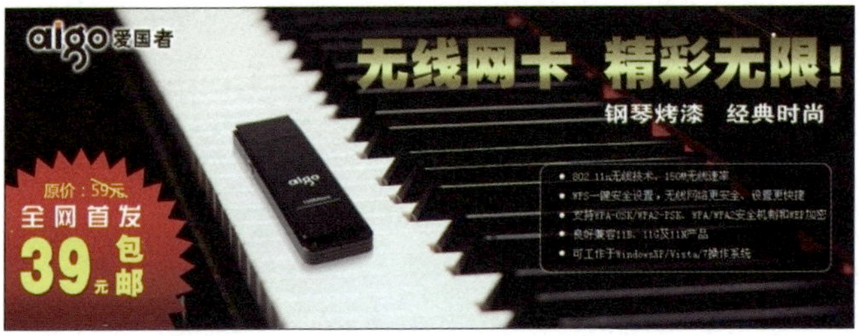

图 1-28 爱国者无线网卡的广告图

1.3.2 配色与信息传达的关系

对于视觉传达而言，色彩的搭配是非常重要的。现在，日本全国有超 50 万名“色彩搭配”设计师；欧美一些国家的设计公司也都拥有一批专门的色彩设计人员，这些“色彩搭配”设计师活跃在广告设计、服装设计、室内设计、建筑设计等各个设计行业中。下面我们来了解一下色彩的基本搭配方法。

如图 1-29 所示为伊登色环。

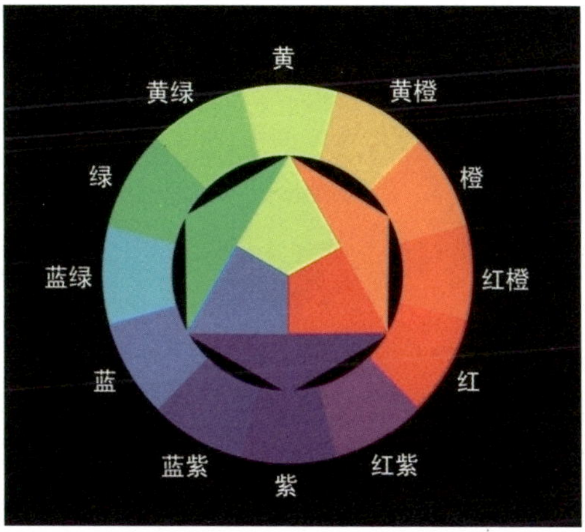

图 1-29 伊登色环

接下来，我们来了解几种色彩的分类。

1. 类似色

在色彩轮上彼此接近的色彩可以归为类似色。如图 1-29 中的黄绿、黄、黄橙，像这样在色环中彼此相近的色彩，我们称为类似色。如图 1-30 所示为天猫立顿官方旗舰店首屏图，整体正是运用了类似色。其整体颜色严格遵循了该企业的 VI（Visual Identity，视觉识别系统）颜色标准，如图 1-31 所示。

图 1-30 立顿官方旗舰店首屏

图 1-31 立顿配色版

2．互补色

在色彩轮上位置相对的两种色彩互为补色。如图 1-29 中黄和紫、红和绿，像这样位置相对的色彩为互补色。

3．渐进配色

按色相、明度、纯度三要素之一的程度高低依次排列颜色。

每种色彩，都有其特定的含义并带有不同的情感。每种色彩都有它自己的语言，找到适合的色彩不仅能突出产品的特点，还可以充分表达产品给人带来的不同个性风格。

红色：警示、热情、勇敢、爱情、健康、兴奋。

橙色：富饶、充实、丰收、友爱、豪爽、积极。

黄色：智慧、光荣、忠诚、希望、喜悦、光明。

绿色：公平、自然、和平、幸福、理智、幼稚。

蓝色：自信、永恒、真理、科技、未来、冷静。

紫色：权威、尊敬、高贵、优雅、信仰、孤独。

黑色：神秘、寂寞、黑暗、压力、严肃、权威。

我们在做设计时，根据设计对象、目的不同，必须合理安排色彩的使用范围。本节简单介绍了一些色彩知识，虽然简单，但学习之后，大家对色彩的看法会和以往有不一样的认识，更深一步地理解色彩的概念。

我们通过几个实际案例学习一下颜色在广告图设计中的几点注意。

（1）抓住广告主色调。

广告图在设计时尽量控制在 1 ～ 3 种主色调，画面色彩不宜太花，否则会干扰视觉信息的有效传达。如图 1-32 所示是一款男鞋的广告图，色彩比较统一，基本只用了一个主色调，只是稍微改变了颜色的纯度，加以层次感展示，整体与推荐产品的鞋的颜色也是协调的。图中文字的色彩吸取了鞋子的色彩，这样的处理方式有很多好处，一是可以让画面色彩更加和谐；二是更好的统一了品牌视觉形象，更有利于加深消费者对品牌的印象与认知。

图 1-32 色彩简洁的广告

（2）突出文字信息。

网店广告中一般都会有文字信息的表达，为了方便阅读，背景和前文的对比尽量大些，以便突出主要文字信息。如图 1-33 所示为一个服装类目的首焦广告。大家可以直观的发现，图左上角该品牌的 Logo 和其广告语，文字颜色和背景没有产生明显的对比，因此让受众不能很好的看清楚，从而影响品牌信息的传达。

图 1-33 部分文字和背景没有产生对比的广告

相比，如图 1-34 所示这张图，从色彩应用的角度而言，其文字和背景均采用黑白效果，突出了产品表面的色彩，顾客便能第一眼被产品的鲜艳颜色所吸引，同时黑白对比的画面和背景在突显品牌代言人的同时也突出了文字信息，更显此款笔记本电脑的硬朗。

图 1-34 产品和背景较强对比色的广告图

1.4 视觉设计中字体的应用

在视觉传达中，字体的选择与编排直接影响着传播信息的表现与传达。从某种程度上说，文字好比音符，字体编排设计师就像是指挥家在指挥演奏一篇乐章。字体有英文字体和中文字体，根据设计的需要，有效的应用好字体和文字组合，能让你的设计与众不同。本章主要从字体的角度分析字体的使用与搭配。

1.4.1 字体的选择与设计

汉字字体传统意义上可以分正、草、隶、篆、行五种。从目前广告设计应用的角度来看，我们也可以把字体（包括英文字体）分为四种类型：宋体类、黑体类、书法体类、创意体类。

然而，字体的选择要注意字体的使用版权，常规情况下，Windows 自带的字体是可以直接使用的，而其他下载的字体，理论上都须授权后才可使用，特别不能直接应用于企业店铺标志。以免造成日后版权纠纷。

1. 宋体类型（印刷体）

宋体是中国宋朝时期发明的一种汉字印刷字体。如图 1-35 所示，它属于有衬线字体，意思是在字的笔画开始、结束的地方有额外的装饰，其笔画的粗细会有所不同。宋体的笔画一般是横细竖粗，点、撇、捺、钩等笔画有尖端，一般出现在报纸、杂志、小说正文，所以目前也称为印刷体。在商业设计中，宋体一般只会出现在标题中，正文内容中运用的比较少，因为宋体笔画横笔较细，不好识别，所以在海报、画册类的正文中运用的也比较少。

图 1-35 宋体类

2. 黑体类型（现代体）

黑体是机器印刷术发展的产物，目前只有一百年的时间，黑体汉字抹掉了汉字手书体的一切人为印迹及其造字渊源，没有手书的起始和收笔，各种笔画很均匀，使人易于阅读，如图 1-36 所示。常用于标题、导语、标志等。Windows 系统里自带的黑体笔画较细，不太适合直接用于广告设计中，目前，标题、导语多采用粗黑、大黑、中黑、雅黑加粗等。

图 1-36 黑体类

3. 书法体类型（古典体）

书法体如行楷、隶书、篆书等字体，这类字体传统韵律比较强，所以在中国式传统类的设计对象中运用得非常广，如图 1-37 所示，但是书法体通常不会用于前沿时尚类广告的设计中。

图 1-37 书法体类

4. 创意类型（艺术体）

创意类型如华文云彩、雪峰体、萝卜体等。这类字体形式比较多变，造型风格不一，因此常应用于特定人群或节日等创意型、个性型的设计中，如图 1-38 所示。

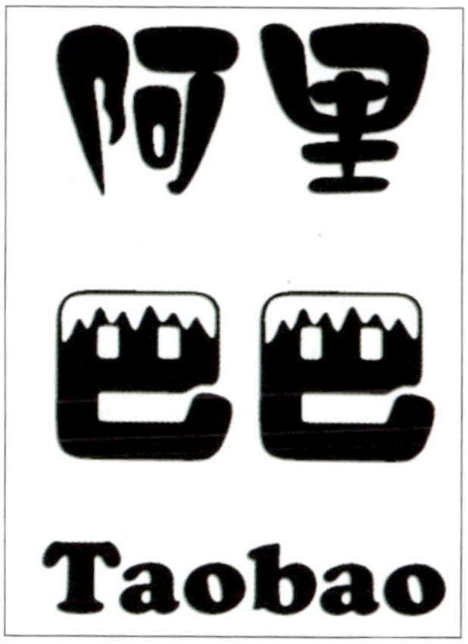

图 1-38 创意体类

每种字体都有各自的特点与风格。设计师在创作中，什么情况下适合采用哪种字体、哪种风格适合哪类字体，都将直接影响这个设计内容的视觉传达，值得设计师们总结和思考。比如无衬线的字体比较适合现代时尚设计；艺术类字体比较适合儿童产品、个性化产品的设计；有衬线的字体一般运用在庄重类设计中；书法类字体常用于中国传统节日广告设计中等。

1.4.2 字体的搭配与布局

在淘宝的视觉营销设计中，文字除了表达信息功能外，在其广告的设计中也是一种视觉材料。字体的布局在画面空间、结构、韵律上都是很重要的方面。当然在一个广告中也不是应用越多字体越好，一般来说，一个广告设计中最多使用两到三种字体。一种字体可以变化它的字号、粗细及其斜体等来变化它的外形。用太多字体不仅没法吸引用户的阅读重点，反而会让用户分散注意力，产生视觉疲劳。

1. 文字的层次布局

在平面设计中，信息的呈现是有主次的，因此便存在层次关系，例如，杂志中的文章，标题、提要、正文等都是有层次的，而在平面广告中，要传达的信息也是有主次的，设计师的一个重要任务就是指引受众阅读设计作品的浏览顺序。这个顺序就是要表达的“信息层次”，是以设计师分配给文本各个部分的重要性级别为依据。而其重要性的级别就是指“这个内容是首先要让受众阅读到的、这是第二个、这是第三个……”。

如图 1-39 所示为淘品牌七格格的一个首焦图，该首焦图的主要设计焦点就是在字体应用和布局上，它仅采用了黑体类型的字体，却呈现出“多姿多彩”的感觉。居中巨大的数字“5”，除了突出 5 折的打折力度外，应用字号的大小组合，把画面的空间景深拉长了，感觉文字在画面中有前、中、后景之分，富有层次感，突出重点，让顾客一目了然获悉广告的核心信息。

图 1-39 字体大小组合

2. 文字的区别和统一

在字体编排时，文字的字体、大小、颜色在搭配组合上会让受众有一种关联的感觉。读者在感知字体编排的微小变化时，会根据相近的关系进行统一式阅读，读者会认为相似方式处理的文字元素是有所联系的，排列在一起的字体间的对比是至关重要的。改变一种字体的主要原因就是要获得一种对比效果，这样字体组合所产生的对比才能清晰地传达出来。通常的做法是改变字重（如细对粗）、字宽、字体样式（无衬线字体对有衬线字体或创意体）形成整体对比。

如图 1-40 所示的首焦图，中间的文字组合同样错落有致，黑体类和宋体类字体搭配组合，字号大小呼应，同时结合文字颜色的不同，让受众第一时间了解主要信息，传达视觉重点。“107 款皮装 4 折”为一系列同一鲜艳颜色的字体，传达第一层主要意思，然后再让读者从其他区别的组合文字中阅读到细节信息。

图 1-40 字体大小、颜色组合

3. 字体与风格的搭配

年轻潮人有不拘一格的时尚，成功男人有马爹利的时尚，活力女生有甜美公主的时尚，职业女性有杜拉拉的时尚。对于时尚的潮人，我们多采用无衬线字体，如黑体、雅黑、粗黑等。黑体简洁流畅，和年轻潮人自如洒脱的生活态度有些相似。如图 1-41 所示是一本潮流杂志的封面，年轻帅气的封面人物配以大小粗细不同的黑体类文字，更显封面人物的几分硬朗与朝气。

图 1-41 黑体类字体搭配

对于有着成熟魅力的成功人士，大标宋体或许是不错的选择。大标宋体笔画显得沉着稳重，和成熟人士的处事特点相得益彰。如图 1-42 所示为花花公子的淘宝店内广告，呈现出稳重、大气、简洁的特点。

图 1-42 宋体类字体搭配

对于成熟女性，适当应用英文的字体组合，可以有一种雍容华贵的感觉，所以英文字体在部分体现品质的产品中非常常见，如图 1-43 所示，带有欧式风格的字体和装饰，结合模特的产品展示，给人一种欧式古典美。

图 1-43 英文字体搭配

一些潮流女装，可以将一些大小不同的宋体类、黑体类字体组合使用，表现出活泼、更具草根时尚的特点，如图 1-44 所示。

图 1-44 各风格字体组合搭配

1.5 视觉构图

在设计时，根据题材和主题思想的要求，把要表现的信息适当地组织起来，构成一个协调完整的画面称为构图。在《辞海》中的解释为：“造型艺术”术语。艺术家为了表现作品的主题思想和美感效果，在一定的空间中，安排和处理人、物的关系和位置，把个别或局部的形象组成艺术的整体。

为了让更多设计师第一时间掌握视觉设计中的构图，我们把构图规律做了总结，常规的构图有以下几种。

1. 中心构图

画面中心位置安排主元素。这样的构图能给人以稳定、庄重的感觉，较适合表现对称式构图，可产生中心透视效果。不过这种构图容易使画面显得呆板，所以注意一些细节上的点缀设计，使画面有所变化。如图 1-45 所示，主体产品在中间，主题文字也在中间，让顾客的视觉中心落在中间的沙发上，左上角是品牌 Logo 和 Slogan（标语，口号），左下角为功能展示的细节，右上角强调促销的紧迫感。整体设计稳定而又不平谈，算是一个较成功的设计稿。

图 1-45 中心构图法

2. 九宫格构图

九宫格即用"井"字把画面平分成九块，在四个交叉点，选择一个点或者两个点作为画面的主体物体的位置，同时其他点还应适当考虑平衡、对比等因素。这种构图能呈现变化与动感，使画面富有活力。如图 1-46 所示，人物在"井"字形的左边两点的位置，而右边的两个点的附近由光效和文字加以展示，画面相对比较和谐，同时人脸朝向右边的文字，会让人们在视觉上除了关注人物之外，会顺着画面中人眼的方向看右边的信息。画面不仅构图好，还进一步促进广告内容信息的传达。

图 1-46 九宫格构图

3. 对角线构图

在对角线构图中，主体本身占据画面斜对角部位，能使画面产生较强的动势，表现出纵深的效果。这种构图与中心点对称相比，具有打破平衡、活泼生动的特点。如图 1-47 所示，明显是一个鞋子的广告，图中迈开的前后脚，在画面中正好形成一个对角线，有一种向前的动势，让平静的图片瞬时动来，给人强列的视觉动感，有利于受众的记忆。

图 1-47 对角线构图

4．三角形构图

在设计中以三个视觉中心为元素的主要位置，形成一个三角形。三角形构图具有安定、均衡但又不失灵活的特点。这种三角形可以是正三角形，也可以是斜三角形或倒三角形，其中斜三角形较为常用，也较为灵活。如图 1-48 所示为淘宝类目专题活动的广告图，其中模特的倚靠坐姿正好构成了一个稳定的三角形，画面相对平衡。

图 1-48 三角形构图

5．黄金分割构图

黄金分割又称黄金律，即整体画面中一分为二，其中较大部分与较小部分之比等于整体与较大部分之比，其比值为 1：0.618 或 1.618：1，即长段为全段的 0.618。0.618 被公认为最具有审美意义的比例数字，黄金分割具有严格的比例性、艺术性、和谐性，蕴藏着丰富的美学价值。遵循这一规则的构图形式具有和谐之美，对设计师而言，黄金比例是在构图创作中必须深入领会的一种指导方针。如图 1-49 所示为达·芬奇的名作《蒙娜丽莎》，每个主要部位都运用了黄金分割的比例，因此，该画给人的感觉总是那么和谐与优美，被称为最迷人的微笑。

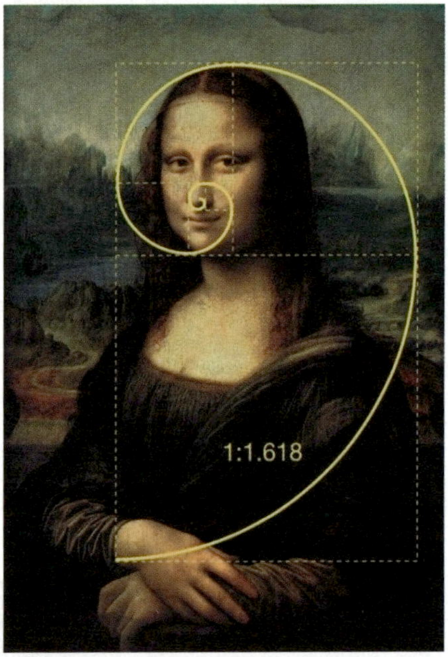

图 1-49《蒙娜丽莎》的黄金分割

如图 1-50 所示的构图，主推产品为一款包，正是在画面的黄金分割位置。

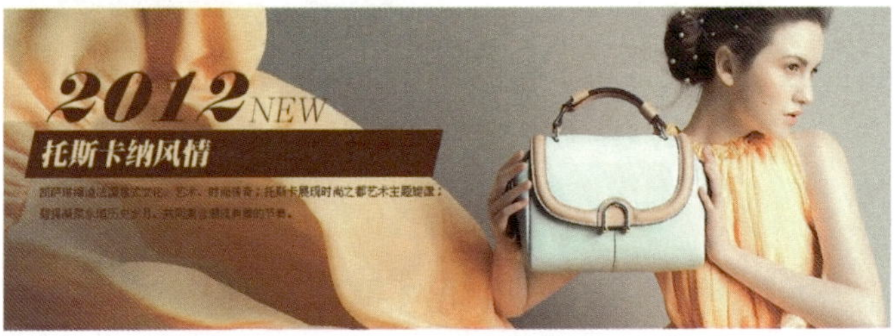

图 1-50 黄金分割构图

一切美的东西，都是人们所追求与向往的。随着科技的进步，互联网的发展，人类开始了一项伟大的工程，在互联网上创造美，这些创造美的设计师把一些日常的物体、图形、颜色等完美结合，创造出凝聚了智慧和汗水的结晶。

1.6 电子商务形象识别系统

电子商务的营销体验主要是靠平面设计的主观体现去完成与客户交流互动的过程。但是在现今以淘宝为首的线上零售平台来说，视觉营销成了一个大难题。因为一些客观和主观的因素使得品牌形象这个概念在线上很难开展，主要的原因有如下几点。

（1）草根电商没有品牌形象概念，不知道如何去营造。

（2）传统线下广告企业不懂得电商的特殊性，很难成功的量身定制。

（3）电子商务设计人才难以招募且不能保证长期在职，在没有系统性框架标准的制约下，设计难以延续已有的风格。而对于品牌形象，不管你下一稿做得多好，这种变化本身带来的损失是无法弥补的。

（4）平台和市场的制约和前期企划案的不足，造成品牌形象难以维护。

针对以上问题，下面开始展开对传播企业经营理念、建立企业知名度、塑造企业形象的快速便捷之途。企业通过前期的统筹设计，对内可以征得员工的认同感、归属感，加强企业凝聚力；对外可以树立企业的整体形象，资源整合，有控制地将企业信息传达给受众，通过视觉符码，不断强化受众的意识，从而获得认同。

1.6.1 基本原则

1. 统一性

为了达成企业形象在电子商务领域的一致性与一贯性，应该运用统一设计和统一大众传播，用完美的视觉一体化设计，将信息与认识个性化、明晰化、有序化，把各种形式传播媒体上的形象统一，创造能储存与传播的统一企业理念与视觉形象，这样才能集中与强化企业形象，使信息传播更为迅速有效，给目标客户和潜在客户留下强烈的印象与影响力。

设计各种要素，从企业理念到视觉要素予以标准化，采用同一性的规范设计，对外传播均采用统一的模式，并坚持长期一贯的运用，不轻易进行变动。

要达成同一性，实现设计的标准化导向，必须采用简化、统一、系列、组合、通用等手法对企业形象进行综合的整形。

简化：对设计内容进行提炼，使组织系统在满足推广需要的前提下尽可能条理清晰，层次简明，优化系统结构。构成元素的组合结构必须化繁为简，有利于标准的施行。

统一：为了使信息传递具有一致性和便于在电商平台中的应用，应该把品牌和企业形象不统一的因素加以调整。品牌、企业名称、商标名称应尽可能统一，给人以唯一的视觉印象。

系列：对设计对象组合要素的参数、形式、尺寸、结构进行合理的安排与规划。使其具有家族式的特征，鲜明的识别感。

组合：将设计基本要素组合成通用较强的单元，如标准字和象征图形、企业造型等组合成不同的形式单元，可灵活运用于不同的版面设计，也可以规定一些禁止组合规范，以保证传播的同一性。

通用：即指设计上必须具有良好的适合性。如标志不会因缩小、放大产生视觉上的偏差，线条之间的比例必须适度，如果太密，缩小后就会并为一片，要保证大到首焦，小到水印均有良好的识别效果。

同一性原则的运用能使目标群体对企业形象有一个统一完整的认识，不会因为企业形象的识别要素的不统一而产生识别上的障碍，增强了形象的传播力。

2. 差异性

企业形象为了能获得受众的认同，必须是个性化的、与众不同的，因此差异性的原则十分重要。

差异性首先表现在不同类目的区分，因为，在广大消费者心目中，不同类目的企业与品牌均有其行业的形象特征，如化妆品企业与大家电企业的企业形象特征应是截然不同的。在设计时必须突出行业特点，才能使其与其他行业有不同的形象特征，有利于识别认同。其次，必须突出与同行业其他企业的差别，才能独具风采，脱颖而出。

3. 有效性

有效性是指企业经策划与设计的识别系统计划能得以有效地推行运用，形象识别系统是解决问题，不是企业的装扮物，因此能够操作和便于操作，其可操作性是一个十分重要的问题。

计划要具有效性，能够有效地发挥树立良好企业形象的作用，首先在其策划设计上必须根据企业自身的情况，企业的网络营销地位，在推行企业形象战略时确立准确的形象定位，然后以此定位进行发展规划。在这点上协助企业导入品牌形象识别计划的机构或个人负有重要的职责，一切必须从实际出发，不能迎合企业领导人一些不切合实际的心态。

企业在准备导入计划时，能否选择真正具有策划设计实力的机构或个人，对计划的有效性也是十分关键的。策划设计是企业发展一笔必要的软投资，是一项十分复杂而耗时的系统工程，是需要花费经费的。

要保证计划的有效性，一个十分重要的因素是企业管理者要有良好的现代经营意识，对企业形象战略也有一定的了解，并能尊重专业设计机构或专家的意见和建议。因为没有相当的投入是无法找到具有实力的、高水准的机构与个人。而后期的战略推广更要投入费用，如果企业领导在导入计划的必要性上没有十分清晰的认识，不能坚持推行，那前期的策划设计方案就会失去其有效性，变得毫无价值。

4. 审美性

好的设计能将原本枯燥的语言通过具有艺术性和趣味性的视觉图形表现出来，生动活泼的设计能吸引客户的视线，引发客户的好奇心，给人美感，让人心动，所以完美的设计有巨大的审美价值。

优秀的设计应具有强烈的视觉冲击力，且形式完美、装饰性强、创意独特，使人赏心悦目，让人们在愉悦中牢记其品牌含义。具有审美价值的设计，更能贴近人们的生活，有强烈的亲和力，让人们喜欢、耐看、易认、易记。

1.6.2 设计阶段

（1）准备阶段：成立设计小组，理解消化企业形象，确定贯穿设计的基本形式，搜集相关咨讯，以利比较。

人数不在于多，而在于精干，重实效。一般来说，应由企业的高层主要负责人担任。因为该人士比一般的管理人士和设计师对企业自身情况的了解更为透彻，宏观把握能力更强。其他成员主要是各专门行业的人士，以美工人员为主体，以运营人员、市场人员为辅。如果条件许可，还可邀请美学、心理学等学科的专业人士参与部分设计工作。

（2）设计开发阶段：设计一般包括基础部分和应用部分两大内容。视觉识别系统分为基本要素系统与应用要素系统两方面。

主要包括：企业名称、企业标志、标准字、标准色、象征图案、首页标准框架、内页标准框架、产品摄影标准框架等。

设计小组成立后，首先要充分地理解、消化企业的经营理念，并寻找与设计的结合点。这一工作有赖于设计人员与企业间的充分沟通。在各项准备工作就绪之后，设计小组即可进入具体的设计阶段。

（3）反馈修正阶段：这部分涉及具体的细化执行，本章就不赘述了，每个企业应根据自身的需求进行反复的调整。

（4）调研与修正反馈：在设计基本定型之后，还要进行较大范围的调研，以便通过一定数量、不同层次的调研对象的信息反馈来检验设计的各部分细节，并再次进行修正。

（5）修正并定型：在设计基本定型后，还要进行较大范围的调研，以便通过一定数量、不同层次的调研对象的信息反馈来检验设计的各细部。

1.6.3 设计规范

简——越单纯、明快的名称，越易于和消费者进行信息交流，易于刺激消费者的遐想。企业名称的字数对认知度有一定的影响，名称越短越利于传播。

特——尽可能将企业的个性强调出来，以便扩大影响力，雷同、重复或易混淆是企业定名之大忌。

新——新和特有时不可分离，唯有富含新鲜感、有创意的名称，才有可能是独特的。以全然未出现过的词语作为新公司的名称时，往往引人注意，但也要冒能否被大众接受的风险，有必要反复宣传。“柯达”一词在英文中根本不存在，本身也无任何意义，但响亮新奇，厂商通过设计和宣传建立起独特的概念。

亮——发音响亮、朗朗上口的名字，比那些难发音或音韵不好的名字容易传诵。企业拥有一个响亮的名称，是让消费者“久闻大名”的前提条件。

巧——巧妙地利用联想的心理现象，使企业名称能给人以好的、吉利的、优美的、高雅的等多方面的提示和联想，能较好地反映出企业的品位，在网络营销过程中给消费者好的印象。

1.6.4 基本要素

1. 设计的基本要素首页架构使用标准

首页架构标准（各版面尺寸、结构、排序标准）。

首焦广告图应用标准（排版规制、色彩使用规制、活动情况规制）。

平铺图片拍摄标准（平铺图的拍摄角度、用光、光圈、快门速度、白平衡、裁剪标准）。

形象图的拍摄标准（色彩使用规范、裁剪规范）。

字体应用标准（字号、颜色、排版位置顺序）。

内页架构使用标准。

内页架构标准（分爆款和普款）。

广告图应用标准（色彩使用规范、后期处理规范）。

细节图应用标准（角度、用光、光圈、白平衡、快门速度、基础构图和裁剪标准）。

字体应用标准（字号、颜色、排版、位置顺序）。

公用模块的使用标准（同首页和内页标准）。

2. 优秀的设计对企业的作用

（1）在明显地将该企业与其他企业区分开的同时还要确立该企业明显的行业特征或其他重要特征，确保该企业在经济活动中的独立性和不可替代性；明确该企业的市场定位，是企业无形资产的一个重要组成部分。

（2）传达该企业的经营理念和企业文化，以形象的视觉形式宣传企业。

（3）以自己特有的视觉符号系统吸引公众的注意力并产生记忆，使消费者对该企业所提供的产品或服务产生最高的品牌忠诚度。

（4）提高该企业员工对企业的认同感，提高员工士气。

3. 失败的设计

（1）对该企业的视觉定位模糊不清，让人觉得似是而非或产生不正确的联想。

（2）视觉效果与企业经营范围和理念乃至企业文化的精髓相去甚远甚至背道而驰。

（3）设计师的平面设计功力不足，作品缺乏内在的逻辑性和外在的美感。

（4）过于追求时尚，缺乏长久的生命力。

（5）复制别人和自我复制。

1.6.5 总结

一个成熟的电子商务领域企业家应当清醒地意识到：设计绝不是可有可无或是为企业涂脂抹粉、装点门面，它的意义在于将文本格式的企业理念，最准确有效地转化成易于被人们识别、记忆并接受的一种视觉上的符号系统；与文本格式的系统中存在语法、修辞等规则一样，在视觉格式的系统里，也有着自己独立的法则和规范，不是任何未经训练的专业人士都可以玩的简单游戏。

“设计是生活中一件美好的事情”。但是，望着窗外那些从上世纪五六十年代留下来的一幢幢毫无生气、毫无风格、毫无个性，同时也毫无使用功效可言的灰色、红色的建筑时，我又想到，失败的设计绝不是美好的，失败的设计甚至还不如没有设计。一个即使是失败的建筑设计，由于它所负载的相当巨大的财富价值，人们也不会在短时间内将它推倒重建，丑陋的设计将以其丑陋伴随人们一个相当长的时期，污染着人们的视觉，损害着人们的心灵。因此从某种意义上来说，一个坏的建筑设计，就是一次在社会财富和文化方面的失误。

而失败的平面设计由于其载体的相对低廉和影响时效的相对短暂，似乎可以逃过这一罪名。但是对于一个追求永续发展的企业来讲，线上品牌形象的确立无疑是该企业的无形资产的一个重要组成部分，对一家企业而言也可称得上是百年大计，不可动辄改弦更张的。因此一个不成功的或是糟糕的设计，对于这个企业、服务于企业的职工、企业的股东、企业的客户或是消费者来说也同样是一种犯罪。

这绝不是危言耸听，而是任何一个富有社会责任感的知识分子都应该严肃思考的问题：让我们都远离失误和犯罪；让我们的企业家和设计师在追求利益的同时还能保持职业道德和社会责任感，让专业人员去做专业的事情。

第2章

网店布局

2.1 用户体验

用户体验（User Experience，简称 UE）是目标群体在使用某种产品或者服务时建立起来的主观感受。网店的视觉设计归根结底是为用户服务的，需要页面的设计人员对用户体验有所了解，这样设计出的页面才能赢得更多用户的青睐。

用户体验包含了战略层、范围层、结构层、框架层和表现层五大层面，如图 2-1 所示，从了解用户的需求以及网站要实现的目标开始，设计产品具体需要实现哪些功能和内容。然后以目标为导向，逐步将抽象的概念转变成可视化的产品和服务。从图 2-1 中可以清晰地看到，在不同的层面需要完成的工作和要达成的任务都有所不同，整个用户体验设计中需要多种职业共同参与设计实施，作为视觉设计，只是表现层的最后一道可视化工序，但是了解了整个体系以后才能使设计出的网站风格、图形图像、颜色基调这些视觉层面的元素更加和网站的目标以及用户的需求相匹配，这样才能设计出一个体验良好的页面。

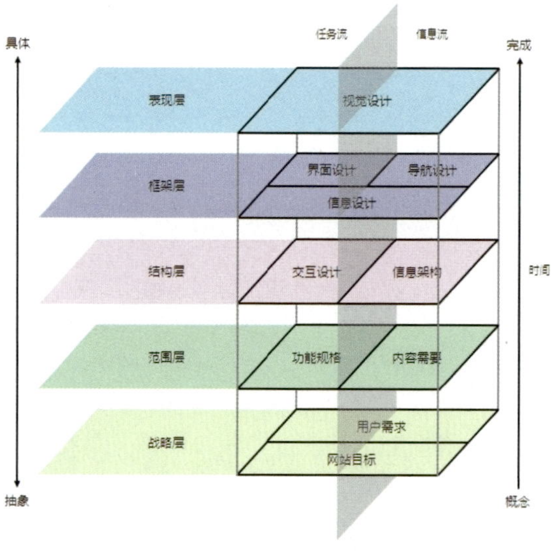

图 2-1 用户体验五大层面

本书中提及的用户体验更多地将阐述用户体验的框架层和表现层，因为作为一个平台里面参与经营的商家，平台已经做好了结构层的限定和规范，所以网页设计人员只能在框架以及表现中做到设计和创意的发挥。以淘宝网为例，淘宝网的店铺后台已经把店铺装修可操作的范围做好了限定，商家只能做到对框架进行调整，然后进行视觉的设计。

UED（用户体验设计）作为一个时髦的词汇，被越来越多的人提及，也越来越受重视。但一味地强调用户体验的同时，因为过分地依赖数据化调整设计风格，以此来迎合消费者的喜好，这样做出来的页面往往会失去品牌的性格。所以在开始详细讨论用户体验的内容之前，笔者慎重地写下这段文字：希望页面设计人员在开始关注用户体验的同时，更多地关注品牌、产品以及个人设计风格的稳定性。因为过分强调用户体验势必会导致店铺页面的同质化，这样往往会限制了个性的张扬和创意的发挥。要运用用户体验设计来提升用户对店铺的黏性，又要给予足够的设计空间，这些都是值得页面设计人员去思考和实践的。

2.1.1 客户分析

1. 产品受众群

如果要创建一个婴幼儿产品的网店，页面应该怎样去设计呢？首先我们需要了解产品，如果是销售零到一周岁儿童的产品，那么目标消费群体很有可能是孩子的父母，或者是孩子父母的亲戚朋友，那么店铺视觉传达的对象是成年人，所以应该根据成年人思考的角度去做设计。如果该网店销售的产品属于两周岁以上儿童的产品，此时家长更愿意让拥有一定语言能力的孩子亲自挑选商品，虽然最终付费的人还是成年人，但是对于商品的选择上，小孩子已经拥有了一定的话语权，此时视觉设计上可以适当地倾向于小孩子喜好的风格。

从上述例子可以看出，设计一个店铺，要考虑商品的受众，要分析和研究这个消费人群的共性特征，然后根据共性来把握整体的色彩、字体、文案等设计元素。由于时间的推移、文化水平的提高以及消费环境的变更，受众群体的行为习惯也会受之影响，单凭以往的设计经验很难立足。因此通过调查问卷的发放和汇总分析，以及通过后台数据的反馈，进行修改调整。

作为以用户为中心的体验设计，要不断关注产品受众群体的习惯与喜好。要了解用户是谁？他们需要的是哪些信息？对于产品和服务，他们更加关注的是哪些因素？

首先，需要对用户进行再细分，同样以三周岁到五周岁年龄的童装为例，决定消费的可能是孩子本人，也可能是家长或者家长的亲朋好友，所以同样的产品将要面对的消费对象差异很大，因此需要根据实际消费群体的比例特征，在店铺结构以及视觉设计中有一定的侧重。

其次，需要关注的是消费者需要的是哪些信息，当很多店铺做的店内活动并不如意时往往抱怨消费者不识货，折扣力度很大的活动，消费者并不买账。其实当店铺推出活动时，很多策划人员只凭主观的判断，简单地认为大力度的促销就会吸引眼球，而实际却是大相径庭，因为目前电子商务频繁过度的促销已经使得大部分消费者出现了很强的抵抗力。类似这样的案例举不胜举，主要失败的原因就是没有把握好目前消费者的购买心理，并不知道消费者真正关注、感兴趣的是哪些因素。对于消费者的不了解，盲目的进行折扣对自身店铺反而是一种伤害。

再者就是需要了解消费者对于产品和服务的关注因素。这些内容往往需要更多地体现在宝贝详情页中。对于服装，消费者比较关注服装的款式以及材质和细节，对于数码产品，消费者倾向于关注品牌以及产品的参数，不同的行业和产品都会有所不同。这些关注的信息也可以在一些论坛和咨询网站中找到相关的调查数据，通过参考这些数据，给予消费者需要的信息，剔除过多的无关信息，提升买家的视觉体验，这样才能从本质上解决页面转化率低下的问题。

在店铺信息的视觉呈现中，一定要以设计主体为首要研究对象，做到有的放矢，买家只会关注他们感兴趣的视觉模块并给予长时间的关注浏览，对于店铺提供的其他辅助信息会做跳跃性的浏览阅读。大篇幅的辅助信息占据了消费者的视野，那么寻找到他们感兴趣的信息难度会增加，就容易产生跳失。所以在店铺信息中，需要适当地控制页面的篇幅，尽量展现有用的信息。

2. 浏览习惯

（1）浏览习惯的特征。

如果用户长期使用某款软件，就会对该款软件产生依赖性。一旦用户习惯了该软件的界面结构和布局，短期内很难去做习惯的调整，因此一旦软件更新跨度很大或者改用一款不一样的软件，就会出现不适感，甚至出现烦躁的情绪。

例如，微软的 Windows XP 操作系统的用户体验做得十分出色，很多用户难以适应新系统带来的诸多改变，所以还是有相当的用户群体依旧使用 Windows XP 操作系统。经典的 Windows XP 操作系统让微软占据了很高的市场份额，但也给微软后续推出的新系统推广带来了一定的阻碍。这就是浏览习惯形成的用户黏性，既能带来很好的效果，也会给未来升级和更新带来更高的挑战；一旦升级的软件用户体验给使用者造成困扰，就会有用户流失的风险。

浏览习惯一旦养成，要改变就会有些难度，所以很多软件和网站的界面在有一定的用户基础后，只会进行小幅度的调整，对于大篇幅的改动都会十分谨慎。因为在长期的阅读中，人们已经形成了从左往右、从上至下的浏览习惯，所以根据这些特性，就会形成一种比较有特征的视觉路径。视觉路径将会在下面的章节中详细阐述。

（2）交互设计。

从用户的角度来思考，交互设计就是让界面易懂、易用，能够很快让目标客户满意，具有亲和力的一种设计。交互设计致力于了解目标客户的需求和期望，用户同产品的交互行为下，去了解用户作为“人”本身形成的心理感受和行为特点。通过对界面和行为的交互设计，让产品本身和消费者形成一种关系。

简单地说，交互设计是目标客户为导向，去理解他们希望看到的、想要看到的是哪些东西；然后结合自身的商业目的、技术以及实力，给予目标客户有用、易用的产品和服务。这种产品和服务不仅能够让消费者满意，同时还可以给予自身有预期的商业价值。

举一个例子类比：装修公司销售安装一款卧室的开关，开关质量很好，但是当时只提供一个门口处的开关，这样就容易造成使用者经常跑到门口关灯，非常不方便。引入交互设计以后，从使用者的角度了解到一个开关尽管质量优异，但是不能很好地解决就寝时的方便性，所以设计双向开关，在床头就近的地方再安装一个电灯开关，这样就能提高便利性，通过这种人性化的设计还能够提升装修公司的商业价值，这就是交互设计的一种理念。

交互设计处在抽象概念到具体产品的转化阶段。在产品开发过程中，交互设计需要把

"抽象"的需求和点子用界面语言表达出来，并且能够完成可行性的操作。在接到实际的需求后按照如图 2-2 所示，逐步完成设计方案，最终付诸实施。

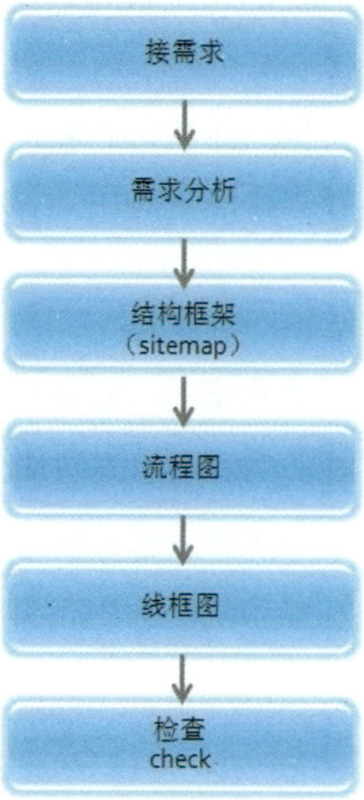

图 2-2 交互设计流程图

交互设计属于用户体验要素中的结构层，淘宝和天猫在交互设计上给予商家的可设计空间并不是很多，大部分交互设计只需要将店铺的功能模块做好对接即可。比如要实现店铺的收藏功能，方便消费者下次进入店铺，那么只要在需要出现收藏店铺的位置，设置此项功能即可。因此视觉设计人员对交互设计有一定的了解，能够运用简单的交互原理，做好一些补充的工作，这样能够更好地服务于视觉设计。

（3）浏览习惯与喜好的运用。

当用户长期浏览和关注某个网页后，就会对网页里的某些特征形成一种思维惯性。这种惯性思维将会逐渐培养用户形成一种风格喜好，以及一些有特征式的行为习惯。

以大型网站为例，对于搜索引擎类的网站而言，大部分的用户习惯了百度和谷歌的界面形式，如果将搜索网站变成微博形式的界面，那么就会造成大量用户的流失。通过流行趋势的分析和解读，在店铺的页面制作上，就需要考虑到消费者对于店铺的风格喜好问题。颠覆型的视觉创造并没有错，但是一定要考虑到消费者的接受程度。

再者当很多用户习惯了某些界面操作后，就会对这些操作界面的可视化符号进行一些行为映射，这种映射是无形中养成的习惯，这些行为映射利用得好，可以达到意想不到的效果。作为一个优秀的视觉设计人员，可以把思维惯性所形成这些特征进行有效运用，从而提高图片的点击率。拿百度首页来说，很多用户就已经形成了固定的使用习惯，如图 2-3 所示。

图 2-3 百度首页

图 2-3 中的“百度一下”按钮被消费者习惯使用以后，大部分消费者一旦看到类似的按钮出现，就会不由自主地移动鼠标尝试单击。所以对于搜索引擎就可以设计成类似的模式，方便用户搜索。

同样的，在淘宝页面中出现标橙色文字时，也会吸引很多消费者的关注，如图 2-4 所示。特殊颜色会吸引更多地关注，再加上长此以往对消费者的这种行为暗示以及培养，所以标注橙色字体的类目流量也会逐渐偏高。

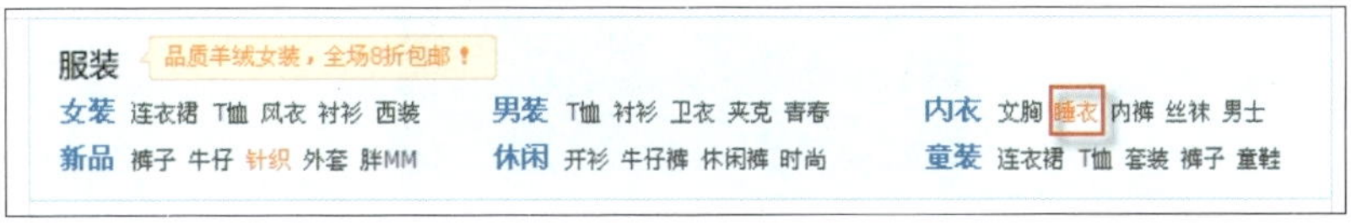

图 2-4 淘宝首页关键字

通过很多操作系统、常用软件、大型门户网站，可以发现很多引导暗示性的视觉设计元素都可以作为网店提升点击率的有利武器，例如，很多国内用户经常使用的某款防护软件，如图 2-5 所示。

醒目的按钮已经被庞大的用户群体所熟悉，那么同样的按钮运用到网店的促销图片中也可以有效地提高点击率。

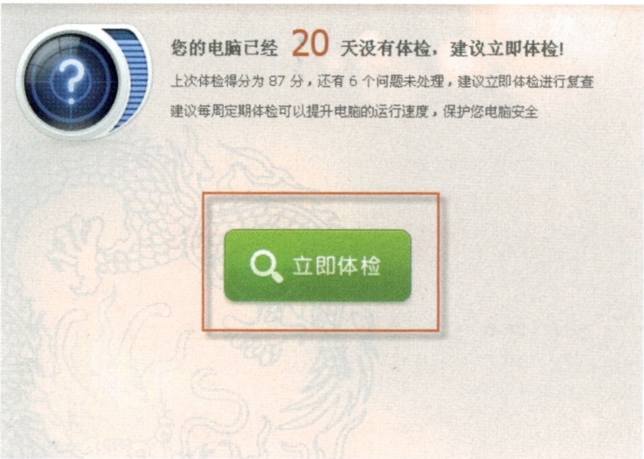

图 2-5 防护软件界面

如图 2-6 所示，通过“店铺热力图”可以看出，运用的按钮设计，吸引了相当一部分消费者单击按钮区域来进入商品详情页。

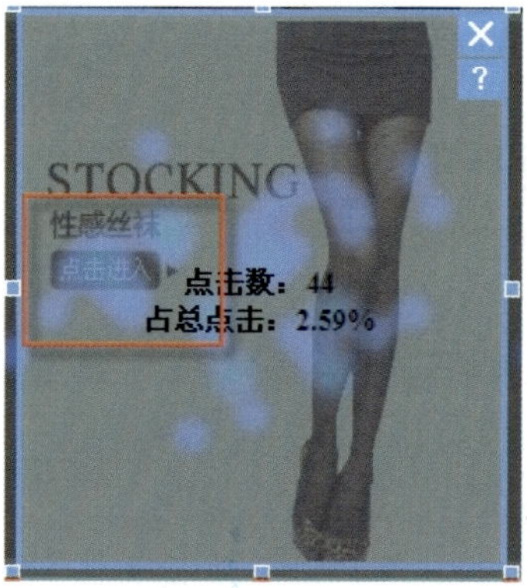

图 2-6 按钮设计

3. 消费习惯

消费者在淘宝以及天猫店铺的长期消费过程中，也会对这个购物平台里特有的氛围产生消费习惯。比如许多办公室一族，每天上班的第一件事情便是打开聚划算，查看一下是否有自己需要的商品。目前相当一部分年轻人习惯通过团购网站团购一些生活服务，这样既能满足平时的吃喝玩乐需求，同时也可以节省部分开支。

对于目前的淘宝市场来说，过度的促销同样让消费者变得价格敏感，从而形成了一系列的价格战，商家为了大量销售商品不得不与同行进行价格竞争，抢占低价市场。有些商家为了在低价中获取利润，铤而走险，降低品质或不诚信经营，以此形成的恶性循环不断地让电子商务市场走入亚健康状态。这些都不利于品牌和商家的健康良性发展。因此，我们需要对以下几点做出考量。

（1）关于价格因素的影响。

对于视觉来说，能够有效地提升产品形象，消除价格因素的过分影响，所以对店铺的视觉把握十分重要。同样通过不同视觉呈现手法，可以引导和改变消费者的消费习惯，让店铺逐渐走出恶性循环的绝境。长期频繁的促销，导致价格绑架了价值的存在，商品的核心在于商品对于消费者的使用价值，所以价值才是本质，价格只是表现。通过视觉需要展现的首先应该是价值感，其次才是与之匹配的价格。而真正意义上的促销是价值高于价格，在价格上感受到实惠，这样才能促进消费者的认可。所以视觉之于商品，优先展示的是商品价值，然后通过诱人的价格才能真正吸引到消费者的关注。

（2）关于新品。

很多资深的淘宝买家已经对淘宝的消费环境十分熟悉，长时间地泡在购物平台里猎奇，淘新款的衣服，最新时尚的商品。这些买家频繁购物，非常了解平台规则，也会放心大胆地购物。因此对于商家来说这样的消费群体适合推送给他们新品，这样才能满足他们的消费需求。对于店铺的忠实客户也是一样，因为已经解决了商家和买家的信任问题，所以老客户更喜欢关注最新的商品。尤其对于女装店来说，不断的推新，才能留住店内的老客户，让老客户在一个较短的时间周期内频繁光顾，提高客户的黏度，同时通过不断地推新，也能提升二次购买率。

（3）关于热卖商品。

当“爆款”一词开始流行在卖家圈子中时，耀眼的光环始终围绕在这个词的身上。短期内巨大的销售量，让很多商家垂涎欲滴，通过单款产品非常高的销售量实现单品的高回报。因为在国内很多消费者拥有从众心理，很多新手买家也会认为卖得火的商品会更加可靠，所以热卖的商品不断累积销量，又不断吸引消费者，这样就能使某些商品在一段时间内一直有可观的销量。通常来说，热卖的商品更多趋向于大众化的商品，因为商品本身的属性能够符合大部分消费者的胃口，所以聚群的速度会比一些个性化的商品更快一些。当然因为大众化的商品通常会让很多同行跟进，所以由于竞争的加剧，很多卖得火爆的商品，有时并不见得能够给商家带来丰厚的利润。

通过对消费者的一些行为和消费趋势的了解，对于视觉设计人员来说，就能够了解到不同的消费人群大致会有怎样的消费特征，然后针对这些特征制作不同风格的店铺视觉设计，从而提升消费者的购买力。

4. 网店的用户体验要素

消费者对于不同页面的浏览习惯不一样，对于商品的需求出发点不一样，因此要做好用户体验就需要抓住主流客户的消费需求以及浏览习惯。所以开始实施用户体验的设计以及优化之前，首先需要完成的工作就是对自己的主流客户进行一些研究分析和调查统计。通过多维度的消费者调查，了解消费者是怎样的人群，了解目标客户想看到的以及需要的是哪些特征，了解客户的消费行为和消费目的，这样才能做好用户体验。

对于平台内的店铺来说，需要完成的用户体验设计并不像独立站点一样有很多要素，因此可以根据实际的需要，汇总了一些需要注意的体验要素。

网站用户体验要素的分类如下。

- 视觉感官体验：在视觉上给予消费者最直观的感受。
- 界面交互体验：用户对于界面的习惯程度以及方便性。
- 情感因素体验：对于店铺的心理接受程度和认可程度。
- 浏览习惯体验：在店铺的流量上能否被展示的商品所吸引。
- 信任体验：对于店铺的可信度的、品牌的支持度上的心理反馈。

（1）视觉感官体验。

设计的风格：能够符合主流消费群体的审美喜好，有一定的美学体现。

店铺名或者品牌的 Logo：对于店铺品牌的体现就需要给予一定的独立空间展示和宣传店铺和品牌 Logo，不能将过多的文字和图片放在 Logo 周围，影响到品牌的塑造。

页面打开速度：确保店铺页面能够在 5 秒内打开，让消费者能够浏览到重要信息。如果是拥有一定规模的品牌店铺，则需要进行一定的压力测试。

页面整体布局：能够重点突出，核心展示优势商品，同时给人以店铺商品丰富多样的感觉。对于商品的品类规划，商品的陈列格局都有比较科学的排版布置。

页面色彩匹配：能够和品牌里面的色调统一协调，在设计上主色的运用不能超过三种。确保运用柔和的主体色，能够方便消费者浏览商品，高亮的颜色容易加速消费者的视觉疲劳。

适当的视频展示：通过视频的展示能够更加有效地突出商品的卖点，同时视频的特效广告也能够为店铺提升品牌形象。

页面导航科学性：导航条能够弥补商品的不完全展示，所以在导航上能够对商品进行正确分类，根据不同属性能够科学的展示商品。

页面的科学性：不同的浏览器以及不同的显示屏对于页面的呈现会有差异，要尽量考虑到大众浏览器和显示屏的完美展示。

图片的完全展示：首先保证图片不变色、不变形。其次保证图片清晰美观，尽量不要用过多的文字覆盖图片里的商品主体，这样容易降低店铺的档次。

图标的使用：图标不能过于花哨，与页面整体风格统一，选择三种以内的图标会让店铺形象更加协调。

海报展示：要懂得海报展示的目的和意义，海报图片符合整体风格，不要过多地展示一些与销售不太相关的海报，不仅影响商品销售，也容易让消费者感觉莫名其妙。

店铺的消费目标要明确，主要以营销为主，而不是过多地宣传一些企业实力和品牌性的东西。

（2）界面交互体验。

流程的体现：对于购物流程、售后服务流程在辅助页面有所体现，方便消费者熟悉淘宝网购以及享受相关服务的流程和步骤。

按钮的设置：对于交互来说，按钮以及图片的可点击化必须明确和清晰，这样才能方便消费者熟悉哪些地方可以点击继续浏览，以及跳转到哪个页面。

点击的暗示：对于一些主推商品或者需要吸引消费者关注的页面，需要强调点击的必要性，这样能够提升入口的点击量。

旺旺在线：确保旺旺在线，能够及时应对消费者对于商品的咨询，客服的在线状态和响应率能够对店铺的销售产生很大的影响。

旺旺的位置：旺旺在店铺中一些重要的位置出现，方便在消费者产生疑问时找到咨询的旺旺。

搜索栏：在页面的合理地方设置搜索栏，方便习惯搜索关键词的消费者使用，并且可以在搜索栏上设置关键词的提醒与暗示，增加商品的搜索概率。

确保新开窗口：对于淘宝店铺来说，跳失率偏高，访问深度偏低，所以尽量保证首页能够弹出新窗口，而不是直接跳转到另外的页面，尽量保证自己的店铺在消费者屏幕中的展现次数。

路径优化：不管用户浏览到哪个页面，都方便用户返回到首页或者目标页面，尽量减少消费者找到满意商品的点击次数，优化路径对消费者提供便利，也是为店铺销售增加机会。

（3）情感因素体验。

分类的命名：分类的命名需要满足消费者的理解习惯和消费的关注属性，要站在用户的角度对分类进行归纳和命名。

分类的层级：分类层级不要过多，大量重复的分类不仅不能很好地展示商品，还会把商品弄得混乱，因此只要展示几个核心的分类即可。

分类的内容：分类的内容也不能过于繁杂，过分的重复展现同一个商品，降低了其他商品的曝光率，所以商品分类不宜有过多的交叉。

商品的原创性：尽量运用自己制作的店铺页面以及商品详情页的信息和内容，相同的内容很容易让消费者单纯地进行价格比较。

信息更新率：对于店铺的信息要不断地更新，这样才能吸引老客户的关注，长期不更新店铺信息容易让消费者认为店铺的人气低迷，无人问津。

信息的描述方式：尽量采用图文结合的形式，这样显得内容丰富和完善，过多的文字或者过多的图片对于用户来说都不能很好地观察和了解商品。

新品的标记：对于新发布的商品要给予一定的标记，方便买家发现和购买，也能够让店铺一直保持新鲜感。

辅助导读页：对于一些重要的信息，例如品牌介绍，可以单独给予一个自定义页面展示，能够提升店铺的形象，让消费者加深对店铺的了解和记忆。

活动的推荐：在店铺首页、左侧栏、自定义栏、编辑栏等多个地方对店铺活动进行提醒和引导，增加活动曝光率和参与度。

相关商品的推荐：在消费者流量的详情页下方或者左侧栏提供一些相关联的商品推荐，提高连带率和销量。

收藏设置：在店铺醒目位置提供店铺收藏的提醒按钮，方便消费者收藏店铺。

文字的排列：对于文字的排列有一定的规范性，使店铺文字分隔统一，不至于杂乱。

文字的字体：选取方便用户浏览的字体，并且确保字号能够清晰醒目，不建议用过大的字体突出信息，注意字体的版权问题。

页面的底色：页面的底色尽量简洁素雅，过于花哨的底色影响商品主题，浓重的颜色也会对店铺视觉产生一定的干扰。注意夜间用户浏览，不会因为底色的亮度显得刺眼。

页面长度：页面长度可以观察大部分店铺的情况，选取一个合理的值，不宜过长，显得内容冗长，也不宜太短，显得店铺信息匮乏。

（4）浏览习惯体验。

友好提示：对于运费、赠品以及其他重要的临时信息，通过友好提示进行展示，方便消费者了解店铺的即时消息。

会员的交流：可以开放一些方便会员交流和讨论的地方，能够更加了解店内客户的关注点和商品需求情况。

售后服务：对于售后需要及时跟踪和反馈，尽量减少买家维权投诉。

会员的优惠：对某些商品可以设置会员折扣价，对会员实行优惠政策。

会员推荐服务：根据会员的消费情况，不定期对会员进行商品的推荐服务。

鼓励买家参与:对于买家对商品的评论，可以给予优惠鼓励，增加商品的良好口碑。

会员的活动：定期对会员进行优惠活动，提高会员的消费频次，提升用户黏度。

专家的答疑：对消费者提出的一些商品疑问提供业内资深人事的专业解答，增加店铺的权威性。

邮件 / 短信的问候：在节假日、不同的天气条件、生日等重要日子提供邮件或者短信的问候，这样可以提升和会员的感情。

（5）信任体验。

搜索引擎优化：自己的商品在商品搜索上处于竞争优势。

公司简介：对于公司的发展规模、发展情况以及公司的资质问题都能够真实的呈现给消费者，提升公司的公信力。

服务的保障：将店铺的相关服务清晰的列出，提升店铺的信任度。

联系方式标注：需要提供准确有效的联系方式，方便消费者电话咨询。

投诉入口：能够为消费者提供投诉入口，这样可以更加清晰地了解到店铺服务出现的不良状况，可以做到及时的问题跟踪。

法律声明：对于店铺的图片进行版权申明，保护知识产权。

友情链接：对于有共同消费群体的店铺可以交换友情链接，增加店铺流量入口。

对于店铺的用户体验来说，要完成设计和分析以及优化是一个非常有必要并且重要的过程。转化率的提高、用户黏性以及品牌的推广等多个方面都可以得到有效地提升，这样不仅可以给店铺带来更高的销售额，还能够为店铺的综合实力建立更大的优势。

2.1.2 浏览路径

我们从小就养成了从左往右的阅读习惯，所以看到一幅画或者一段文字，习惯从左往右观看。有时是从上往下阅读观看。在这些长期的习惯培养下，接触到需要视觉去接受某些信息时，自然而然地会根据以往的养成行为执行我们本能的动作。同样涉及浏览路径时，打开一个网页，通常都习惯从左往右用视线扫过去，然后自上而下地浏览页面。通过这种常规的阅读习惯，浏览路径的概念就逐渐形成。

从字面上就可以知道，浏览网页时留下的视觉轨迹就是浏览路径，作为视觉营销，就需要在视觉轨迹中，把自己需要展现的商品突出地展现给消费者，尽可能地引导消费者的目光按照自身店铺设计的视觉路径浏览，这种设计就叫做视觉的动线设计。动线设计在传统百货行业有着比较广泛地运用。在国内，大部分人习惯用右手写字，习惯靠右行走，习惯从左边浏览，所以很多顾客进入一家专卖店，首先会从左侧进入，从左往右大致的过目一遍店内的商品，在进入专卖店以后才开始细看。根据这种特性，实体店做视觉动线时，会在店铺中间位置也就是中岛区域用模特进行特殊陈列，吸引消费者的关注，在商品摆放时也会根据视线的移动进行商品的调整。对于网页来说同样存在视觉的动线，同样也可以根据视觉的动线设计，达到突出产品的目的。

通过普通的视觉浏览路径，常规的动线是“Z”字形或者“W”字形的浏览轨迹，如图 2-7、图 2-8 所示。

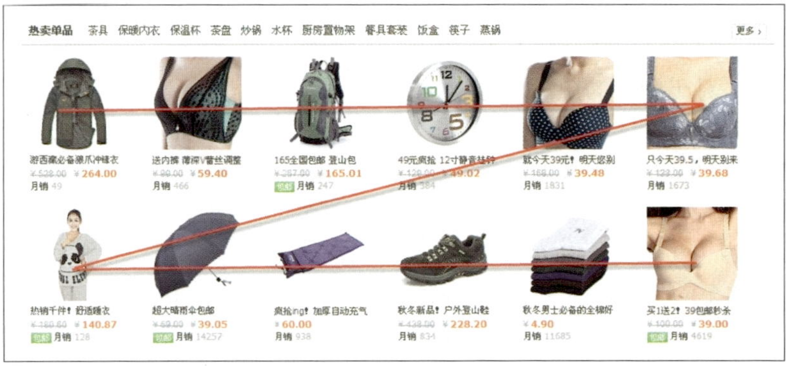

图 2-7“Z”字形浏览轨迹

图 2-8“W”字形浏览轨迹

在这样的常规浏览路径里，就设计的动线主线来说，通过这样的常规设计和规划，让消费者自主寻找满意的商品。当然通过一些变化，同样也可以实现其他的动线规划，如图 2-8 所示是特殊的动线设计，这样能够醒目地突出某一款商品，从而让这款商品更加受到关注。

图 2-9 特殊的动线设计

对于动线的设计需要注意几个细节。

- 不要单一地使用同一种动线方案。如果一味地使用“Z”字形动线，就会出现页面下方的关注度很低，导致点击率也会偏低。这就类似于通过关键词搜索，通过自然排名展现出来的商品都是“Z”字形的视觉路径，消费者会对排在前面的商品更加关注一些，对于页面中上部则会忽略，这样就会导致页面中部的利用率不够。可以通过不同的视觉路径交叉使用，降低消费者的审美疲劳，让页面中下方的商品有更多的点击机会。
- 在动线设计中需要对不同的区域进行主次之分。通过一些模块过渡，让消费者明确到达不同的区域。这样就可以和不同产品的品类或者风格进行一定的区分，类似于百货公司的楼层指示牌，通过楼层的指示牌，可以方便消费者尽快到达所需要的区域，不至于长时间浏览页面无果后产生烦躁感。
- 不要频繁地使用复杂的动线。频繁地通过视觉冲击消费者的视觉神经，容易让消费者产品视觉疲劳，就像线下专卖店里只会针对个别款式运用模特展示一样，过多的模特展示同样会减少消费者的注意力，并且视觉体验并不一定很好，所以简洁、明朗的风格能让消费者停留的时间更久，这也算是另外一种提升产品曝光率的有效途径。

视觉动线是设计一种视觉浏览的趋势，动线存在的目的是尽量让大部分消费者通过事先编排好的动线路径用视觉开始行走，就像在超市的动线设计一样，让消费者根据设计好的路线开始逛超市的各个区域。当然，我们无法保证动线能够做到让所有消费者都根据动线的路线浏览商品信息，而是尽量让大部分进店的消费者根据这样的路线来查看商品，并且在这个路线中有意安排一些商品在路线中出现，让消费者“看到”我们想让他看到的东西。

2.2 视觉定位

在传统的零售业中，店铺会通过视觉上的冲击去表达和传达给顾客一些重要的信息。在目标客户群中，这些视觉信息通常会吸引顾客马上入店购物，或者给当时路过的顾客留下一些印象，形成短时间内的记忆。因此，就算一位顾客从来没有进入一家店铺购物，也会有一些对店铺的印象和感觉，这些印象和感觉同样会对顾客的下一次购物产生深远的影响。

比如一些大的品牌的店铺，给人的感觉可能是价位高，商品精致，质量好，从不打折或很少打折。这样的店铺在视觉上给人造成的焦点更多在商品和品牌上，并且选择代表品牌的定位和形象的展示品价位也较高。那么，这类店铺更多吸引的也是对这类商品感兴趣的顾客，以及消费能力能够达到这种价位的顾客。

这种店铺，我们把它称之为品牌型店铺，如图 2-10 所示。

而有的店铺以促销、低价来吸引路上过往的人流入店购买，给人的感觉就是价格很低，很超值，而卖的是什么东西往往顾客的关注点就会降低，总之先进去看上一圈。这样的店铺在视觉上给人造成的冲击力往往在大量的低价促销活动以及川流不息的入店人流上。这类店铺更多吸引的是价格敏感的顾客。

这种店铺，我们把它称之为营销型店铺，如图 2-11 所示。

图 2-10 品牌型店铺

图 2-11 营销型店铺

我们可以注意到，顾客在未进入店铺前还并未仔细地观察商品，仅仅只是从外面看了店铺几眼，就能够马上区分出这些重要的信息。这说明，在店铺的外观以及一眼可及的范围内，完全可以通过视觉来影响顾客的行为。

我们可以想象一下，如果一个从来不打折的品牌型店铺，突然在一段时间内大量使用营销型店铺的视觉冲击力，造成的结果可能是忠实的消费群体对品牌的价值认同度降低，甚至造成这个品牌是否要清仓退场的猜测。如果吸引来一些喜欢打折的顾客，对自己后续的发展也没有太大的好处。反之，如果一个营销型店铺突然用品牌型店铺的方式来做，销量可能马上就会下滑，因为低价走量的方式无法传递给路上的人群，吸引不了大的流量。所以，这两种方式必须要符合店铺运营的模式。我们把这种视觉设计的过程称为“视觉定位”。

在我们的网店视觉设计中，同样也需要先通过对店铺运营模式和店铺定位的充分了解后，再做视觉定位，区分品牌型店铺和营销型店铺的不同表现，最后设计出符合运营思路的页面，创造完美的视觉传达。

2.2.1 视觉信息传递

在网店的页面设计中，和线下实体店一样，有一眼可及的范围，我们把它称为“首屏”。

先来了解一下“屏”的概念。在计算机中打开一个页面时，我们首先会看到的范围是整个屏幕能够显示的大小，而无法看到整个页面的完整信息，如图 2-12 所示，这就是首屏。

图 2-12 一屏论

当顾客看到这个内容时，就对店铺有了一个初步的印象和了解，并做出了心理预期，以及和自己的需求是否匹配。这个过程可能是潜意识的，无法察觉的。同时，顾客在看首屏的时间是非常短暂的，仅仅可能只有 15 秒甚至更短。并且，因为网络的互动性，顾客可以随时关闭页面去浏览更感兴趣的内容，因此，15 秒内，我们需要在首屏的内容中尽可能地展现顾客需要了解的信息，并做有效的传达。

我们分析一下，首屏上需要传达的信息有哪些呢？

同样还是以线下实体店为例。假设，当你远远的看见一家店铺，隔着一条马路，看了几秒，你决定穿过马路走进这家店铺去看看，是什么让你做出了决定？如图 2-13 所示。

图 2-13 实体店案例

第一，是卖什么商品的店铺。

当你在很远处看到一家店铺时，你无法看清店铺里的每一件商品，但是你可以看清店铺的招牌。特别是比较有名气的店铺，品牌给人的印象已经深入人心，你只需要知道那边有一家某品牌的店就可以慕名前去了。

而品牌不是很有名气的店铺，起码展现一个品牌的风格，比如店铺整体色调、招牌所用的字体，给人传递的信息同样有效。

哪怕是没有品牌的店铺，比如街边一家卖鞋的小店，也至少会让你知道它是一家卖鞋的店，也就是说，它对于所售的商品必须有明确的描述，如“某某鞋店”。

第二，店铺的产品风格是什么。

同样在无法看到所有产品时，我们可能会看到店铺展示的橱窗里模特身上的一两件产品，这些产品也许是当季新推出的，也许是热卖的，这些展示让我们在内心里做了比较，这个产品是不是我的风格，或者是不是我正感兴趣的。

第三，产品的价位是多少。

这些从店铺的整体装修精致程度、整体格调上，我们会有一个贵或便宜的感觉，产生一个心理预期，如果接下来入店看到价格和心理价位差距不大，会有一种物有所值的感觉，如果低于心里价位，则会有惊喜的感觉。当然，如果卖的东西价位几百元而装修得像十元店，顾客可能扭头就走。

第四，促销活动的力度。

一家人流量大、打折字样明显、气氛很热的店铺，也会对顾客产生极大的吸引力。

其次，还有一些因素是在首屏上会表现出来的。例如，当你穿过马路走向这家店铺，离店铺越来越近时，你能大致看到店铺里的陈设，商品的大致种类，商品的大致颜色。还会看到店铺里的灯光，以及销售人员的着装和工作状态。这些信息我们在第一屏到第三屏的位置可以完成。

以上信息是我们的视觉需要表达和传递给顾客的内容，当顾客浏览页面时，首要接触到这些信息，先产生心理预期，接着才会继续往下看商品图片。

2.2.2 品牌型和营销型视觉

同样的产品，运用品牌型和营销型两种不同的运营策略，在视觉上需要做不同的设计。

1. 品牌型视觉定位

品牌型的店铺需要突出品牌优势，特别是与同类产品相比具有的竞争力，来达到区分店铺的目的。一般品牌型店铺的价格略高于同类产品，在产品设计、生产工艺、服务上具有优势，因此我们设计此类店铺时，需要注意突出这些优势，而弱化价格的敏感度。如图 2-14 所示。

图 2-14 品牌型店铺首屏

图 2-14 这家店铺的首屏上明显的突出了品牌和官方旗舰店的标志，并且通过一张卷起来的皮子，让顾客第一感觉“材质柔软”，突出用料和选材，暗示舒适度极佳，凸显品牌特质。

在首屏靠下的部分，用明亮的对比突出“全额补差价”，“线上价格，专卖点服务”，“送货上门安装”，“一年保修，终身维修”，这些品牌承诺和服务承诺，突出品牌服务优势和与其他品牌对比的优势。

2. 营销型视觉定位

营销型的店铺需要突出价格优势，特别是与同类产品相比具有的竞争力，来达到区分店铺的目的。一般营销型店铺的价格略低于同类产品，同时需要营造一种热卖的气氛，因此我们在视觉设计上需要将促销做得更吸引人。如图 2-15 所示。

图 2-15 营销型店铺首屏

图 2-15 这家店铺在靠上的位置更多的是突出全店活动“满 59 包邮”，并且将店铺宣传的重点落在产品上，如“首选手机保护壳”，营销的意图非常明显。往下用了一个拿着醒目黄色喇叭的人物素材，也是为了营造低价促销的气氛。再往下非常醒目会看到“加 1 元送”，以及限时、包邮等信息，让顾客觉得很超值、很划算。

在第二屏里，继续做广告，并增加宣传店铺的一系列活动，如图 2-16 所示。

图 2-16 营销型店铺第二屏

第二屏也是以展示产品为主，下面以绿色部分和红色部分撞色做活动的说明，让人一眼就能看到“特价”、“仅此一天”、“更多优惠”和“20 元优惠券”。大量活动聚集在一起给人的刺激比较强烈，给顾客造成价格非常低、活动非常多的感觉。营销型店铺的氛围也就创造出来了。

经过两种视觉效果的对比，我们可以发现以下几个规律。

（1）品牌型店铺的规律。

- 给顾客创造品牌强、商品质量优、服务好的印象。我们可以将品牌、商品、服务的优势尽量放在前几屏，让顾客能够首要接受到这些信息。并且对商品图片要求较高，需要体现商品的质感。在配色上，尽量突出商品，如果有线下品牌，则与品牌的色调统一。避免过于花哨的页面设计，大牌的设计偏向于简约、干净。
- 尽量将价格转移到价值。将价格的信息弱化，最好的方式就是避免在价格数字上所使用的强烈色彩，缩小数字，而放大文字卖点和图片，将吸引力转移到商品价值上。
- 弱化促销价格。避免出现促销常用的一些字眼，避免出现价格过低的印象。并放在最下面的位置。

（2）营销型店铺的规律。

- 打造热闹的促销氛围。将促销活动有序的排列在一起，会让顾客感觉到促销活动非常多，但是要避免杂乱。
- 打造围观效应。加粗加大促销文字的字体，和背景色形成鲜明对比，打造视觉焦点。
- 突出低价的感觉。将低价的数字排列在一起，并以醒目或者加大字体展现，体现低价感。

当然，可能有时品牌型和营销型并没有明显的限定，比如很多有自主品牌的店铺，未必就不会打折、清仓、热热闹闹的做活动，特别是遇到一些大促、换季、节日时。而有的营销型店铺，可能也会想转型为不太低价的店铺，给顾客稍微高档些的感觉，好提升客单价。如果遇到这种情况应该如何做视觉定位呢？

如图2-17所示，这家店铺的产品具有自己的特色和设计，与其他店铺相比具备产品优势，而且价格在同类产品中并不算低。平时也是按品牌型的路线来做的首屏，但在推荐一款新的情侣产品时，更改了首屏的焦点图。

图 2-17 没有明显限定类型的店铺首屏

在活动促销的设计中，重点突出的是“天天”过“七夕”，视觉焦点也在两个色彩丰富的卡通人物上。而并没有将29元的价格字体做颜色对比上的突出（营销型店铺在这里可能会将价格的颜色改变而更加突出），因为29元的价格在同类产品中并非低价，所以并没有强化价格，而是将爱情、七夕、情侣款这几个卖点结合起来，让顾客快速进入角色。

而在产品的部分，突出产品的四个优势，并配上图突出重点，旁边展示商品的不同颜色体现商品的可选择性多。

下面紧接着的是店铺的服务优势，这么做是为了让顾客对一个从未了解过的品牌产生了解和信任感。

因为对这个品牌了解的人不多，而且价格偏高，因此在下面一屏仍然是突出品牌和服务优势，进一步加深顾客对品牌的信任感。如图2-18所示。

我们可以注意到，满60包邮的整店活动并没有放在第一屏最醒目的位置，而是放在店铺介绍的下面，让顾客了解品牌之后，再看到满60包邮会觉得相对价格不算太高，而且有活动容易促成交易。

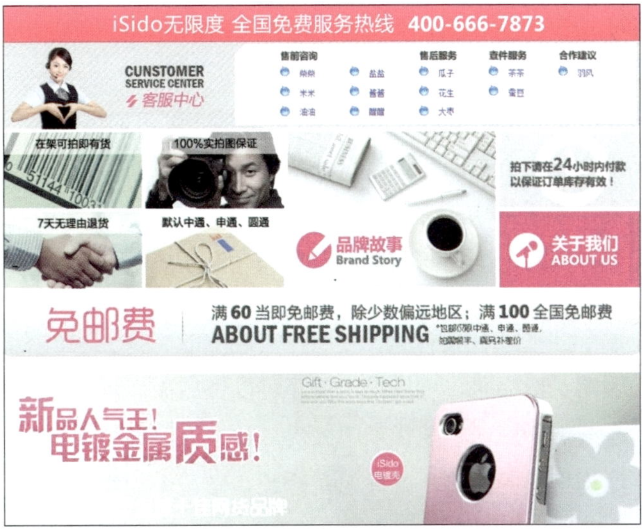

图 2-18 没有明显限定类型的店铺第二屏

我们可以发现，偏重品牌型的店铺，在做营销时，往往也不会大张旗鼓的在价格方面标红标黄，而是在创意、品质、卖点上进行突出，也就是说，并不以低价来作为唯一吸引顾客的卖点。在其他方面同样遵循品牌型店铺的视觉定位，突出品质和服务，将价格和促销放到下面不太醒目的位置，起码保证在第一屏上不出现破坏性的低价视觉。

另外还有一种做法也可以借鉴，就是将活动放在首页上，但是减小面积，同时将活动完整地体现在自定义页中，这也是保证首页区别于营销型店铺的方法。如图 2-19 所示。

图 2-19 减少活动在首页上的展示面积

在首页首屏中用很小的面积介绍了活动名称，并未给出价格信息。单击“点击进入”按钮进入自定义页后看到所有的活动产品。

2.3 店铺结构

在网店美工的日常工作中，常常会出现这样的情况，把页面拆分成一个一个的块来做，做好之后再拼凑起来合成整个页面。虽然单独来看，做出来的图片都还不错，但是拼凑到一起，就显得很凌乱。看看淘宝的店铺也会发现，有些店铺看起来层次分明、构架明显，而有的店铺杂乱无章，页面上全是商品展示，有一些商品还重复多次，这样就极大的浪费了顾客的时间和展示的资源。

当我们想让顾客购买商品时，可以摆小摊，可以做店面，可以盖商场，这三种形式的场所给顾客的感觉是截然不同的，把货堆起来卖，和在大商场里放在专柜里卖，客单价的结果也是不同的。结构框架的搭建，就好像是给顾客做一个购物的场所，让顾客享受购物的乐趣，并让顾客能够轻松找到符合自己需求的商品，接受到有效的推荐。

每个店铺都由三大页面构成，分别是首页、列表页、详情页。每个页面也都是由页头、页面、页尾组成。如图 2-20 所示。

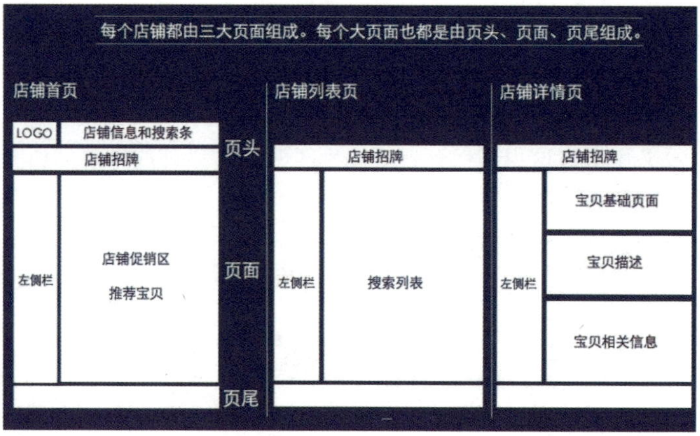

图 2-20 页面结构

在这个章节里，我们将会了解到三大页面的布局方式，以及搭建店铺框架结构的思路。

2.3.1 首页布局

店铺首页就如同百货商店的楼层导示，当顾客走上电梯前，就已经通过导示牌了解到哪个楼层是出售哪些商品的，这些产品大致在楼层的哪个位置，目标明确。不然，那么大一个商场，有具体购买目标的顾客可能逛一天也逛不完。如图 2-21 所示。

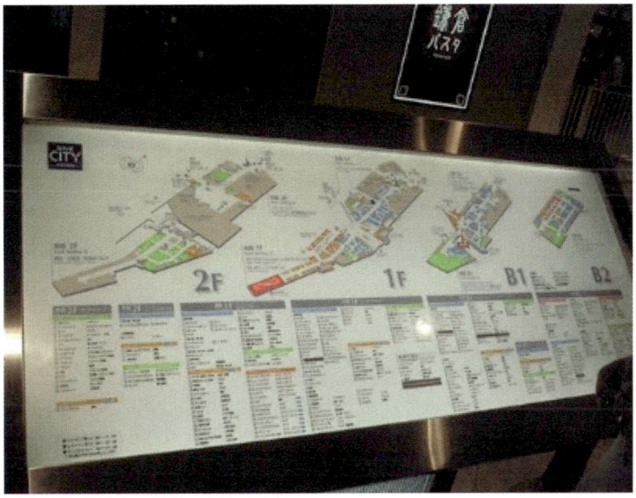

图 2-21 商场导示

又或者如同专卖店，走入大门后一目了然店铺里陈列的商品是否是自己有意向购买的，或是直接能够看到哪些商品是当季推荐的，哪些品类的商品陈列在哪个区域，如图 2-22 所示。

图 2-22 专卖店店面视觉效果图

因此，首页布局其实就是有目的地去展示一些商品，并让顾客能够快速找到他想要的商品，并完成店铺形象传递和营销目的。

1. 首页布局的作用

首页布局一般来说有三个主要作用。

（1）展示形象。

产品品牌、店铺品牌是一家店铺与其他店铺有明显不同的特点。当顾客进入店铺时，让顾客感受到这些差异，能够与其他店铺有所区别，从而形成认知上的区分和对品牌的信任感。

（2）商品搜索。

顾客从某一款商品页面进入首页时，意味着顾客有可能有其他商品的消费需求，当顾客有明确购买目的时，首页需要有搜索导购功能，帮助顾客快速方便地找到所需的商品，顺利下单。

（3）推荐和活动。

当顾客无明确购买需求时，需要一些推荐和活动来激发顾客的潜在购买需求，如新品推荐、促销打折、搭配减价，如果店铺正在做这些活动，在首页上就要有明显的展示，以吸引顾客下单。

当然，首页也承载了一些其他的作用，如服务提示、公告提醒、旺旺亮灯等，这些作用也是为顾客提供快捷服务，并为顾客建立起信任的纽带。

2. 首页的模块分解

要了解整个首页的布局方式，先要了解首页上出现的所有图像和文字以及它们的作用和联系。因此，在这里汇集淘宝上的店铺，将出现在店铺首页的“功能性”模块一一拆分出来，这里所讲的“功能性”，大多是我们自己设计出来的，而实际在店铺后台并未完全按此进行划分。仅仅以功能分类，大致可以分为以下几种功能模块。

（1）店招。

在淘宝上可以发现很多店招本身做的很漂亮，但是不结合首页一起来看的话，店招没有起到传达足够信息的作用。如果在其他页面中，顾客可能就记不住产品和品牌了。如图 2-23 所示，想一想，店铺是卖什么的，你知道吗？

图 2-23 传达信息不足的店招

在上面的两个店招中，我们可以大致猜到店铺的商品是跟女人相关，但是具体是什么产品就不清楚了，因此这类店招信息传递是有缺失的。而且店招上的店铺名称因为是英文的，对于顾客来说，也很难记住。

店招的作用：在线下实体店，我们远远的就可以看到一家店铺的招牌，并决定是否要进入店铺挑选商品。想买一双女鞋的人一般不会进入一家男鞋专卖店买鞋，想买一双 300 元以上鞋子的人也不会在均价 50 元的鞋店里寻找目标。而这些信息，当我们隔着一条街看到店铺上悬挂的招牌时就已经产生了一定的判断。

因此，店招传递的信息是很明确的，网店里的店招，也是起到同样的信息传递的作用，店招的位置出现在每一个页面的上方，顾客通过搜索进入详情页，首先看到的也是店招，第一眼印象的判断，包含了店铺商品、店铺品牌、店铺价位等重要信息，对顾客是否选择进入店铺首页浏览其他商品起到了一定的作用。

如图 2-24 所示这家店铺的店招，传达了品牌信息（惠氏），信任信息（旗舰店），正品，官方保障，产品（婴儿奶粉），产品广告（左边的四个图）。

图 2-24 店招案例

店招的信息传递：店招是展示一个店铺品牌的重要信息传递点，那么设计一个店招主要需要注意以下三个方面。

- 品牌定位：品牌主要通过店铺名字、产品品牌名字、品牌经典 Slogan 等几个方面体现。与之还有关联的是品牌色、品牌标识等重要信息。
- 产品定位：产品定位主要通过有代表性的产品展示、模特展示、穿着效果展示等来体现。
- 价格信息：价格信息与品牌定位有一定的联系，有的品牌通过打造自己有价值的视觉传递去淡化价格信息，这是高价位品牌的普遍做法。低价位的商品则是以营销手段、强调低价为主来展示价格信息。

以上的三个注意点中，品牌定位和产品定位是缺一不可的，价格信息是隐藏的信息点。

（2）Logo。

Logo 是一家店铺的标识，品牌专营店一般会沿用商品品牌 Logo，或为网店重新设计与品牌 Logo 相符的标识，以达到延续利用品牌效应的效果，如图 2-25、图 2-26 所示。

图 2-25 百事品牌的网店 Logo

图 2-26 耐克品牌的网店 Logo

多品牌商品的店铺，因为无法沿用某一品牌的 Logo，再加上商品可能经常调整变动，可以打出自己的店铺品牌 Logo。如果是自有品牌，那么更应该注重 Logo 的设计，这就属于品牌 Logo 的设计范畴了，在这里不多言。

Logo 一般放在首页店招的左上方最显著的位置上，如图 2-27 所示。

图 2-27 店铺左上角显示 Logo

Logo 还会出现在淘宝的搜索列表页，如图 2-28 所示。

图 2-28 搜索列表中显示 Logo

除此之外，Logo 还会出现在很多纷繁复杂的流量入口，尽管这些入口流量较小，但积少成多，也是一笔可观的流量。

除此之外，现在 Logo 也越来越多出现和应用在如“店铺动态”、明星店铺、产品外包装、EDM 及 EM 单上，对传递店铺品牌起到广泛的宣传作用。

因为 Logo 的设计属于品牌形象中的一个重要部分，浓缩了整个品牌的精华信息传递，所以 Logo 并不是随意设计的，需要有战略定位和完整的策划案才可以进行，在这里我们主要说一下以店铺名称和文字做 Logo 设计的基本要素。以“天使之城”的 Logo 为例，如图 2-29 所示。

图 2-29 “天使之城” Logo

- 中 / 英文店铺名称：天使之城 /Angelcitiz。
- 符合店铺定位的形式表现：因为天使之城的定位是少女装，因此这里所用到的字体在汉字部分采用了拉长字尾，翘起来等方式，显得俏皮活泼，柔美可爱，采用错落的方式排列，显得有律动感，避免了呆板和严肃的感觉。
- 在英文字体部分，采用了具有柔美线条、细腻温润的花体字，同样也是符合以上的风格，强调与目标客户群的气质相统一。
- 心型和翅膀的加入，整体强化了天使的意向。
- 执行标准：标准色彩，标准字体，标准组合方式。在不同构图比例和底色范围内都可以应用。网店的标志切忌过于复杂，因为页面可能给出的展示位置有限，因此需要缩小到比较小的尺寸仍然能够清晰的识别。
- 品牌广告语 Slogan：有些会加上品牌的定位广告语，如图 2-30 所示。

图 2-30　品牌广告语

（3）通栏。

首页并不能囊括所有的内容和功能，比如品牌故事、信用评价、会员制度等，无法直接在首页上全部展示，而是在其他的自定义页面进行展示，因此，通栏的作用是将这些自定义页面用清晰明确的方式进行介绍，并让顾客马上可以点击进去，如图 2-31 所示。

图 2-31　通栏

同样，通栏的位置一般是放在店招的下面，高度一般不需要太高，字体能够看清晰为限，不需要占用过多篇幅，通栏的自定义页面的数量也不是越多越好，一般我们会设置有限的数量，让字体不至于排的过于密集，有助于顾客看清楚。

例如，全部分类、信用评价、会员制度、品牌故事，这几个是一般常见的。还可以加上活动区，做活动集中的展示，或者当一个活动参与的商品数量很多时，也可以在这里做活动页面的单独展示。

（4）导航。

导航一般为方便顾客搜索商品而设置，作用就如同商场的楼层悬挂牌上面列出的分类，导航按展示方式分类，分为隐形导航、半隐形导航和显形导航。

隐形导航一般以“全店产品”或“所有类目”为标题，只有当鼠标移动到上面之后才会显示所有类目，所占的位置最小，相对不易被发觉，如图 2-32 所示。

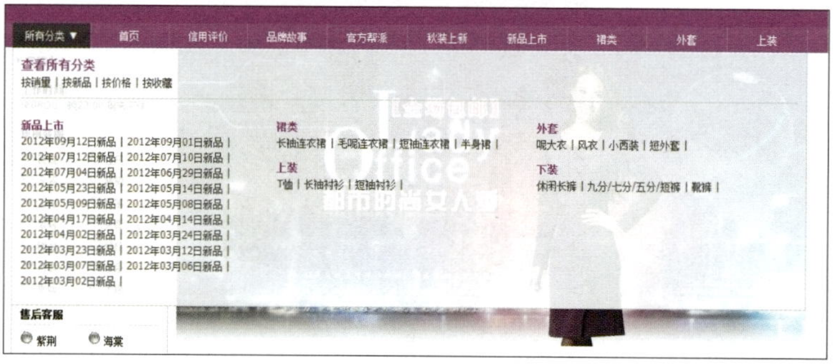

图 2-32 隐形导航

半隐形导航一般设置几个主要的大类标题，鼠标移动到上面之后显示细分类目，比较容易被发现，而且仅大类的标题能够展现店铺内商品的主要构成，如图 2-33 所示。

图 2-33 半隐形导航

从功能上来说，半隐形导航具有提示性和导购性，因此目前的淘宝店铺里使用的比例比隐形导航和悬浮导航要多一些。

从设计上来说，半隐形导航因为分类标题的图片背景和字体颜色都是自行设计的，因此要注意与整体风格搭配协调一致，并大多利用反色和对比色区分，这样达到明显和一目了然的目的。

如果半隐形导航是放在店铺通栏下面，第一屏位置内，则需要注意以下几点。

1．大类标题的文字简洁、排列整齐。

2．不宜太多，突出引导的重点和主要类目，可用符号、颜色等元素加以区分。

3．建议营销人员做出相关的策划案和文案以配合营销。

显形导航与隐性导航相反，一般出现在首页活动区域的下部，再次给予顾客全面的产品类目提示，占用的面积相对是最大的，也是最容易看到的。在功能上，它对于顾客在看完推荐产品后如果没有自己的需求，能够快速方便的搜索，找到自己更感兴趣的产品，提供方便快捷的购物体验，对流量进行分流和引导。如图 2-34 至图 2-36 所示。

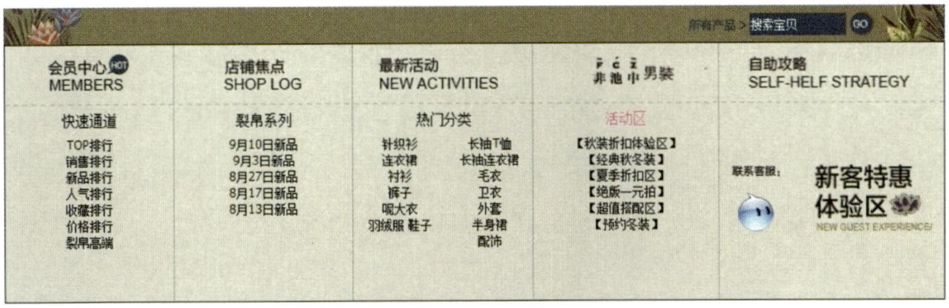

图 2-34 显形导航 1

图 2-35 显形导航 2

从设计上来说，隐形导航也是图文结合的方式，有文字有背景，设计的余地较大，因此除了注意与整体风格搭配协调一致外，还可以作为一个顾客体验功能的结合区，增加上一些内容，如“会员中心”、“快速通道”、“自助攻略”、“联系方式”、“工作时间”等，让顾客对店铺的相关服务都有一些了解。

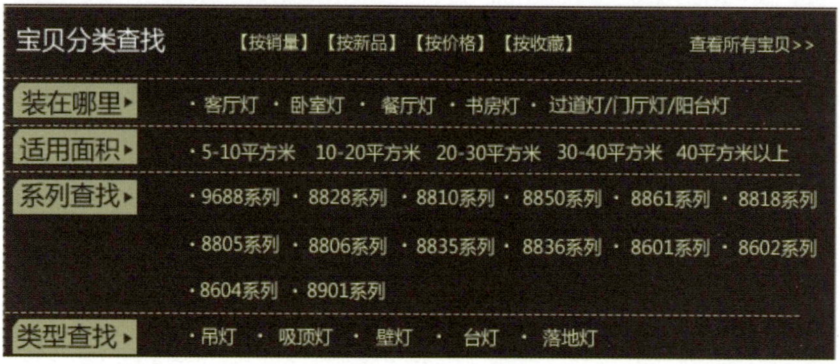

图 2-36 显形导航 3

显形导航一般放在店铺活动区域的下面，需要注意以下几点。

- 大类标题和每个小分类的文字字数要简洁，排列整齐美观，避免内容冗长错综繁乱。
- 导航仍然是为分类的全面服务的，但也要注意突出引导的重点和主要类目。可用符号、颜色等元素加以区分。
- 可以加上其他内容的补充，但避免将与用户体验无关的内容加入其中。
- 如果是可选择展示的，可以适当加入产品内容补充相关信息，特别是当字比较少时，减少空白感，起到平衡的作用。
- 建议营销人员做出相关的策划案和文案以配合营销。

（5）分类。

店铺的分类也是起到跟导航类似的作用，只是分类的展现会在更多产品页面的左侧同样得到展示，而导航仅在首页展示。因此在位置上，顾客会先从搜索进入详细页，往下浏览时看到左侧的分类，而且是在每个产品页面左侧都有展示。它的目的也在于能够让顾客无论从哪个页面上，都能够方便地找到所需的产品。

分类可以使用纯文字，也可以使用图文结合的方式，并且可分为一级类目，二级类目。

在顾客的阅读中，信息准确传递最多的是文字部分，如果使用图文结合的方式，顾客也需要阅读图片上的文字，因此，文案提炼是设计分类的一项重要工作。如图 2-37 所示，这个分类是否足够清晰明了，可以做怎样的文字提炼？

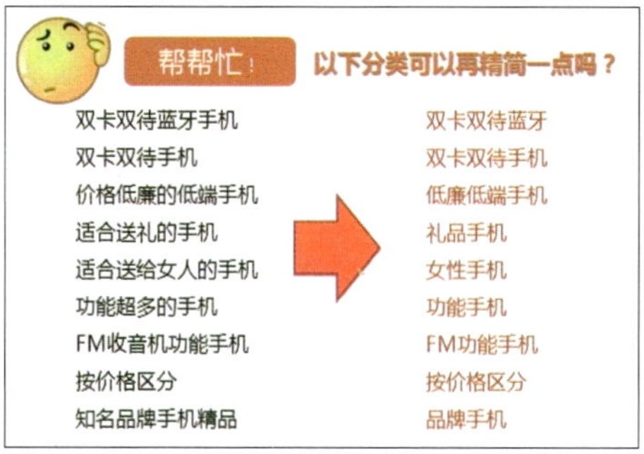

图 2-37 精简分类

这个分类里有过多的重复内容，并且读起来非常拗口，不能简明扼要地表达信息，因此，我们在做文案提炼时，需要将最准确的文字提炼出来，并且将错误的、繁复的信息去掉。如“适合送给女人的手机”，就可以精简为“女性手机”。

分类是否能够帮助顾客方便快捷的找到所需的商品，顾客体验是否良好，是检验一个分类是否实用的重要标准。因此，我们需要对分类的购物路径做设计，如图 2-38 所示，这个分类你看懂了吗？

图 2-38 分类案例

分析一下，这个店主在做分类路径设计时，出发点是很好的。他认为，顾客有喜欢看模特图的，有喜欢看实拍图的，那么就分为 A、B 两个区，分别对应，这样就皆大欢喜了。但是，不仔细看的话，A、B 两个区到底是什么功能还真的看不明白，而且顾客如果在 A 区看了半天，再看到 B 区里有同样的商品，反而更迷糊了。

优点：A、B 区用图片，与文字结合，层次分明。

缺点：A、B 区属性不明朗，文字命名重复凌乱，没有充分使用二级类目。

从实用性出发，我们要考虑以下几个问题。

- 为谁服务？
- 是否能做到无障碍浏览？
- 分类是否能够让顾客快速找到商品？
- 购物路径是否清晰？
- 是否有空宝贝的类目？
- 从审美的角度来看，大家认为以下两个分类哪个更好些？如图 2-39 所示。

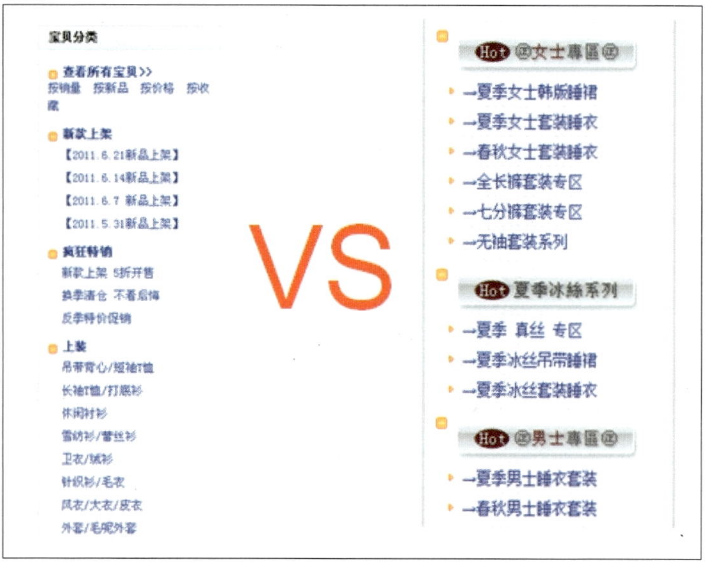

图 2-39 分类形式比较

右边的图片采用了图文结合的方式，在浏览上更清晰明了，阅读起来也更容易、更轻松。

这里还有另一种图文结合的分类形式，如图 2-40 所示。

该如何制定分类内容的顺序呢？如图 2-41 所示。

图 2-40 图文结合的分类形式

图 2-41 制定分类内容的顺序

图 2-41 是一家女装服饰及配饰店铺的分类的最上面部分，我们一眼就能看到最醒目的是“19 元起”的饰品促销信息，这个效果是因为将这个重要的急需要促销的信息用图像的方式放大了。

另外我们再看，同样在上面的部分，将“秋冬新品”放在了第一个位置。而下面放了“TOP 热卖”、“新品上架”，再往下才是常规的商品分类。

摆放的顺序与我们的审美习惯有关，如人们浏览的一般习惯是从左到右，从上到下，如图 2-42、图 2-43 所示。

图 2-42 从左到右的浏览习惯

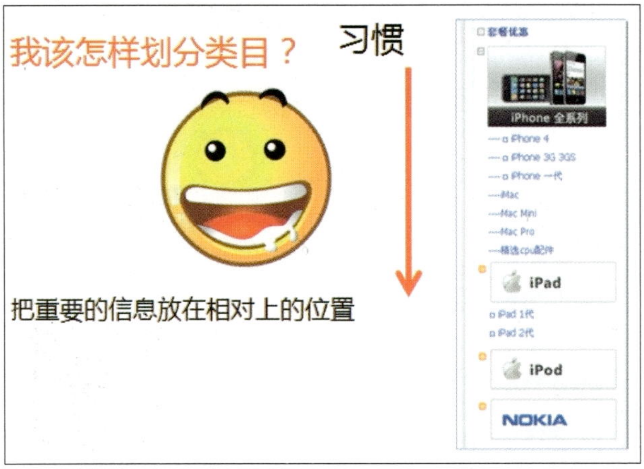

图 2-43 从上到下的浏览习惯

因此，我们一般把重要的信息放在靠上的位置，如新品上架，是为老顾客服务，避免老顾客反复去看分类找新品。而新品往往利润也比较高，或者需要比较好的销量和曝光量，那么也一定需要让新顾客看到。而重要信息还有促销打折，如秋冬款上市了，春夏款需要迅速清仓周转资金避免积压，这也需要展现量。

此外，在刚才的案例中，我们还学到了，可以将最重要的信息，以图片的形式加以展现，吸引更多的关注。但切记，重点多了等于没有重点，如果全是图片，效果也不好，一定要形成对比落差，才能达到抓住眼球的效果。

分类的长度并不受限制，甚至有时候，我们会要求页面完整度良好的情况下，需要将左侧的模块填满到与产品平齐，以免页面底部出现缺失，影响视觉上的美观。因此，分类所起到的作用，另外是为首页完善设计上的完整美观度，我们在制作首页时，可以多加注意。

（6）活动 banner。

活动 banner 的形式多种多样，如图 2-44 所示，是一个常见的穿插型 banner，这种类型的 banner 因为占用面积小，可以灵活的放在任意位置，或作不同类产品之间的穿插间隔，有活动分流功能。如图 2-45 所示，这样的 banner 多半是起了大分类的作用，同时兼顾活动功能，占用位置也比较小，一般也是可以灵活穿插的，可以放在任意位置，还兼顾有 3 个引导分流功能。如图 2-46 所示，这种类型的 banner 适用于多品牌店铺，如化妆品店铺，兼顾大分类导航、品牌导航和活动功能。

图 2-44　穿插型 banner

图 2-45　活动型 banner

图 2-46　品牌型 banner

（7）海报。

海报也就是店铺中较大型的活动展示，或品牌展示，如果是出现在第一屏，一般称之为促销图、店铺首焦图等，如图 2-47 所示。

图 2-47　首屏海报

海报的特点是占用面积较大，且内容很丰富，一般用作品牌展示、新品展示、活动展示，还可以用轮播形式循环播放。如图 2-47 所示的宽屏首焦，信息分层合理，主题明确，视觉冲击力强，设计氛围和活动文案很好的结合，给顾客以身临其境的感受，更易激发活动时购物的强烈愿望。

海报并不限制于第一屏，也可以在第二屏或第三屏放多张海报，如图 2-48 所示。

图 2-48 第二屏、第三屏海报

但需要注意的是，如果我们在店铺的第二屏、第三屏运用海报，那么尺寸也应该相应缩小一些。海报的尺寸比较灵活，我们以屏的概念来看的话，不需要都做成一屏那么大，做得太大反而让顾客在有限的时间内接受的信息量变少，视觉的刺激也会降低。试想一个店铺如果前三屏全部都用满屏的尺寸来做海报，将是多么恐怖的一件事情。而且设计师的计算机屏幕尺寸如果较大，没有考虑到顾客普遍使用的屏幕尺寸，那么海报的尺寸也会出现过大的情况，而占用本应该有更多信息的空间，造成视觉的不完整和浪费。

因此，我们可以考虑用四分之三屏或三分之二屏来替代满屏的海报，这样表现力也不会削弱，相反视觉上适当留空会给人感觉比较干净、集中。

（8）产品展示。

产品展示将店铺里的部分商品按照一定顺序和规则排列出来，如同实体店里的商品陈列，如图 2-49、图 2-50 所示。

图 2-49 商品展示 1

图 2-50 商品展示 2

商品展示的框架可以根据不同类目产品的大小和独特的展现方式来做设计，比如图 2-49 中的包类产品，基本是正方形的小块，在排列上，我们可以排成一行，也可以错落有致，做出空间感和跳跃感，显得更有层次。

而如图 2-50 中的产品是精油，体积较小而且瓶身特点是长方形，我们可以利用框架将它拉长一点，拉宽一点，留下适当的周边空间，显得分量感十足。

而如果是服装类产品，更多的会使用模特图片进行展示，如图 2-51 所示。

图 2-51 模特图片商品展示

我们注意到，同样是一排五个位置，与图 2-50 中的精油产品相比，服装类的产品所占用的面积是类似的，但并不显得拥挤，反而也要有留白部分，并上下拉得更多一些，这样在比例上，会显得模特的身材更修长，衣服自然也会更具有吸引力。

如图 2-52、图 2-53 所示，这种类型的产品，排列方式打破了一般的排列规律，做出大小对比，这样做的好处在于，比较大的位置所展示的产品给顾客更多的信息和暗示，并且对比其他产品更突出、更醒目，对于需要做出人气销量商品的店铺，是一种有目的的引导。

图 2-52 变换排列方式的商品展示 1

图 2-53 变换排列方式的商品展示 2

（9）服务。

店铺首页的下方，服务模块为客户提供方便的自助购物，帮助和提供一定程度的售前、售后服务说明；提高客户体验、减少客服工作强度；减少客户服务需求的等待周期。如图 2-54、

图 2-55 所示。

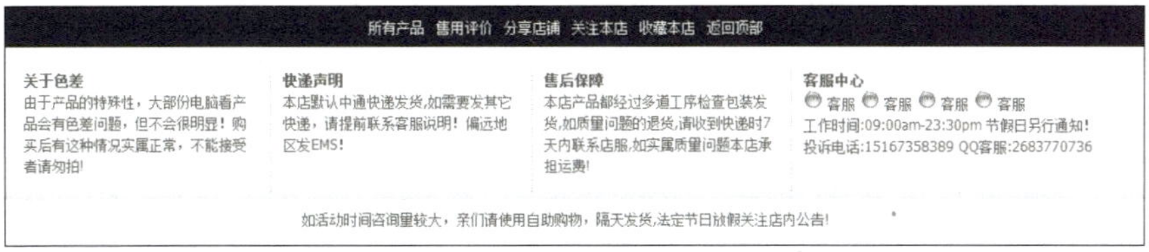

图 2-54 服务说明 1

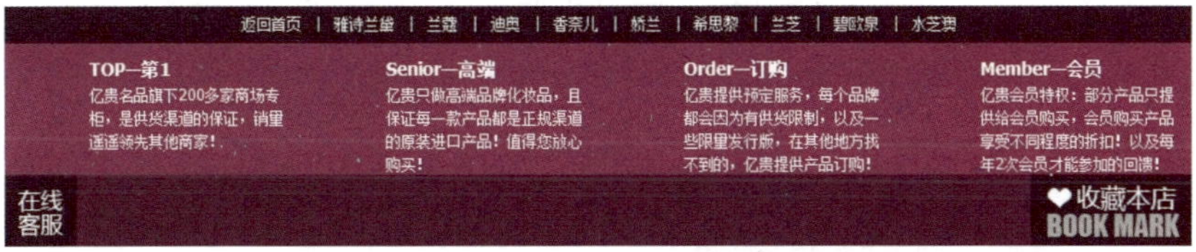

图 2-55 服务说明 2

服务模块如果放置在页面最低端，也是有一定的引导目的，一般顾客如果看到页面的尾部还未点击商品进入，那么信任感可能是一个很大的因素，在这里服务模块会给顾客增加信心、增加信任感。而如果是产品不能迎合顾客的需求，那么服务模块也会给顾客留下一个好的印象，增加再度光临的可能。

（10）推荐。

推荐模块主要完善店铺内其他模块未能展现的产品；也可以是店内推广的产品。增加预热产品或主推产品的展现，增加产品展现，如图 2-56 所示。

图 2-56 推策产品展示

（11）活动展示。

店内有活动展示模块，用活动来增加店铺点击量、提升转化率。活动模块的展示方式直接影响到店铺的销售情况，好的活动及展示方式也是增加活动效果的主要手段。如图 2-57、图 2-58 所示。

图 2-57 活动展示 1

图 2-58 活动展示 2

（12）旺旺在线。

旺旺模块是为方便客户在浏览过程中随时有客服的需求而提供的。旺旺模块主要有两种提示，如图 2-59、图 2-60 所示。

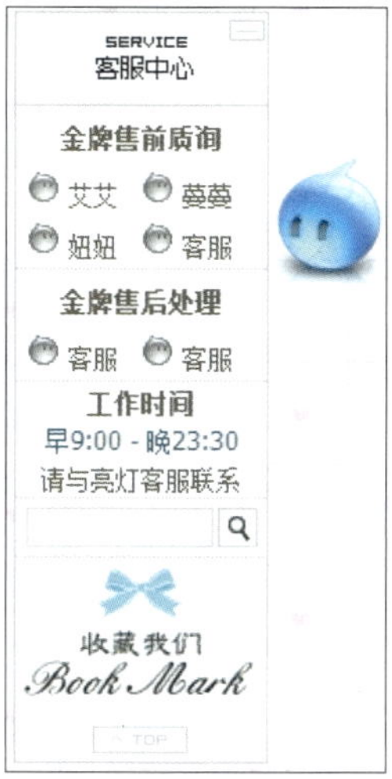

图 2-59　旺旺在线模块 1

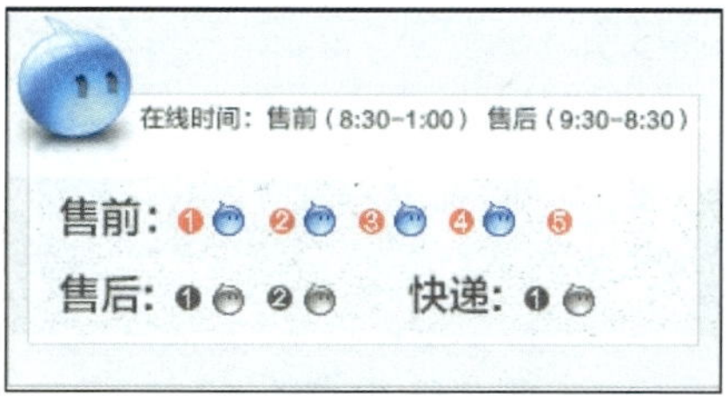

图 2-60　旺旺在线模块 2

（13）品牌。

在页面上除了 Logo 和店标外，还有说明品牌、表现品牌内容的地方，如图 2-61 所示是莎鲨家纺页尾部分。反复提醒顾客店铺品牌，加深顾客对品牌的印象，是一种值得借鉴的方式。

图 2-61　莎鲨家纺页尾

（14）收藏。

提示顾客收藏店铺的地方。收藏不仅仅局限于店招、导航、页尾，只要考虑好结构上的美观，都可以添加收藏按钮。在这里值得一提的是，店铺收藏对于非目标性用户来说，点击并非很高，而如图 2-62 所示的案例给了顾客一个收藏的很好理由，从而提高收藏的转化率。

图 2-62 收藏店铺 1

如图 2-63 所示也是一个非常有趣的案例，要吸引顾客的注意力并且形成点击，假定撇开其他的设计因素不做进一步考虑，趣味性也相当关键。设计师在考虑设计收藏按钮时，将“藏”的草字头做成了一把手枪的图形，网店设计初衷是为了展示左小祖咒的个人形象，且网店的目标客户群是左小祖咒的忠实粉丝，熟悉左小祖咒的人都听过他的一首歌《爱情的枪》，修改过后的“藏”字不仅有丰富的趣味性，更迎合了左小祖咒粉丝的心理并且同时很好地传递了左小祖咒的品牌形象。

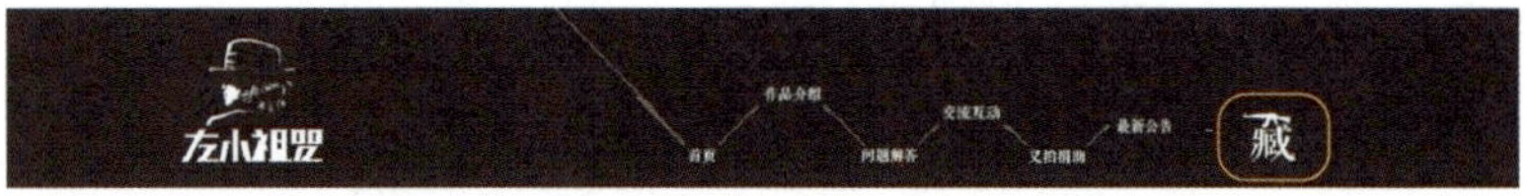

图 2-63 收藏店铺 2

（15）返回。

返回模块是为方便客户在浏览到页尾时，能够快速返回页头重新浏览或者下单而设计的，如图 2-64 所示。

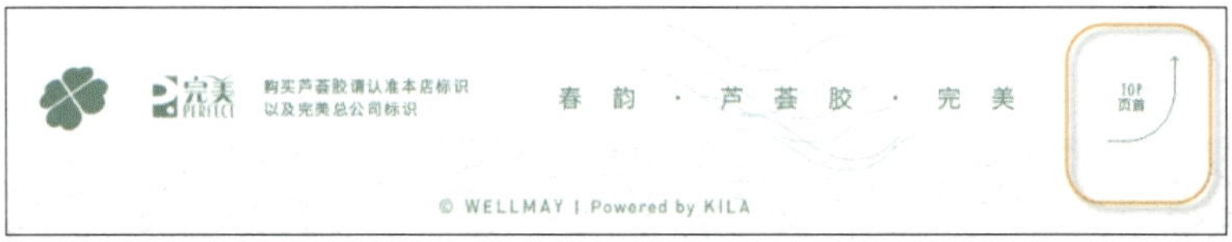

图 2-64 返回模块

3．首页模块的组合

刚刚详细的 15 个“功能”模块是出现在淘宝大部分店铺中的，但并不一定全部都要体现在一家店铺的首页上，也没有绝对的表现顺序，根据类目、产品，以及战略、营销策略的不同，我们需要对这些“功能”进行重新排列组合，就好像搭积木一样，再将它们有序地填充进去。根据数据结果做出调整，让它的组合方式更优化。

因此，设计并不是由美工完全决定的一件事情，而是需要先有营销策划、战略、文案，再进行框架结构布局，之后再进行设计、细节处理。

在这里，我仍然按照前面所说的，品牌型店铺和营销型店铺，进行这些模块的拆解组合，作为一个范例供大家参考。不一定完全要照搬这种排列组合方法，只希望大家能够理解排列组合的目的，也就是说为什么要这样做。

（1）以产品品牌为主的店铺（如 ×× 专营店，×× 专卖店）。

以产品品牌为主的店铺，本身品牌有一定的影响力，产品也有一定的销量，在线下也有一定的知名度。假设我们的策划是要让顾客在进入首页时，能够接受到更多品牌的信息和冲击，形成品牌效应和品牌信任感。而如果是线下知名品牌则要充分唤起顾客对品牌的记忆和认同感，让顾客快速建立起信任。

基于以上的策划案，首要的任务是让顾客在最短时间内获得对品牌的信任和记忆。

那么在第一屏的设计上，我们需要对顾客充分进行这几个方面的信息传达。

- 品牌形象，Logo：唤起记忆，展示实力，介绍品牌。
- 品牌产品优势。
- 品牌服务优势。
- 与同类产品对比的优势。

另外加上我们前面讲到的首页第一屏的作用，需要加上产品和部分主打产品展示。

这些内容决定了首页应该按照什么样的顺序来安排这些功能模块。

案例分析：李锦记官方旗舰店首页布局分析，首页第一屏。如图 2-65 所示。

图 2-65 李锦记官方旗舰店首页

首页第一屏上出现的内容，从上到下的顺序如下。

第一，李锦记 Logo：这个店铺省去了店招，用商品的 Logo 来替代店招的功能。

第二，品牌海报：海报内容包含产品，场景展示，广告语“爱用味道表达吧”

第三，竖型通栏（导航）：这里将通栏和店招都去掉，获得更大的广阔视野，是一个和其他店铺不同的做法。将通栏做成竖型的，鼠标移动上去发现具有隐形导航的功能，如图 2-66 所示。

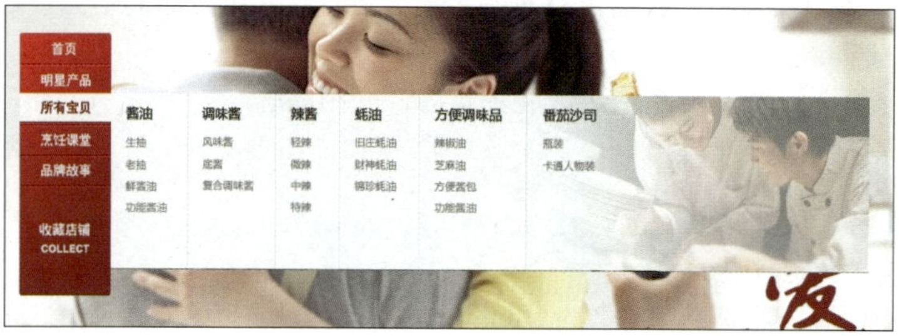

图 2-66 隐形导航

第四，活动 Banner：这里的活动 Banner 所起到的作用是热门和推荐的大分类。

无论我们的功能模块以什么方式展示，都是以功能为首要条件来进行排序。我们可以注意到，在这家店铺的首屏，并没有出现很多或者很明显的促销字样或价格字样，而主要在产品品牌的唤醒记忆上用了比较大的篇幅，然后将顾客直接带入推荐产品展示的区域。

以上是首页第一屏的分析，我们将店铺的布局用图形来表示，看得更清晰，如图 2-67 所示。

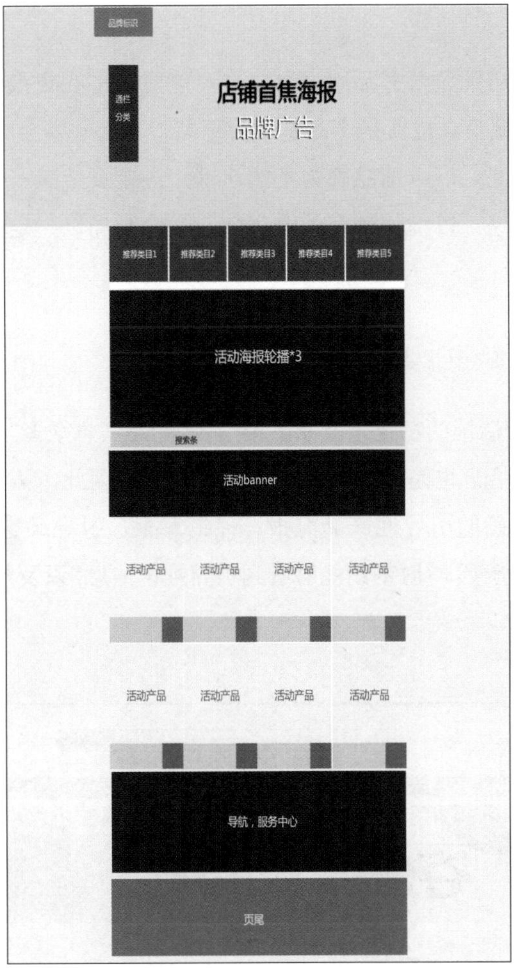

图 2-67 店铺布局

服务功能、会员制度、收藏及会员类的活动不会削弱品牌信息的传达，并会增强顾客的信心，因此可以适当出现，并可以在页头、页中、页尾位置适当的重复出现。

以上的案例只是品牌店铺布局中的一种，并不是所有的都必须按照这种模式来布局。在品牌店铺布局中需要注意的共同点是模块的上下位置，在这种布局中，如果将过多的打折促销模块放在上部，会冲淡和干扰信息的传递，并且过多出现低价会影响消费者心目中的品牌定位。

（2）以店铺品牌为主的店铺。

以店铺品牌为主的店铺兼营多品牌产品，并可能时时都在更换产品，因此会更影响顾客的因素是店铺本身的诚信，也就是产品是否为正品。其次顾客会顾虑店铺服务是否良好，以及考虑价格因素。因此，以店铺品牌为主的店铺，在首页上第一屏的排序则应该注重店铺诚信和口碑的信息传递，以增加顾客的购买信心，同时加以一定的促销活动信息推动顾客尝试下单。

（3）另外两种常见视觉定位的店铺。

超市型店铺：超市型店铺的特色是产品品类众多，产品信息众多，价格也比较实惠。因此，顾客比较容易被干扰的恰恰也是太多的产品信息和排列。因此，需要有明确的导航帮助顾客找到商品，以及用明确的引导性产品海报、促销海报，引导顾客购买某类产品。因此，超市型店铺需要分明的货架，时时刻刻能够看到引导推荐信息，以及带动客单价的活动信息。如图 2-68、图 2-69 所示。

图 2-68 超市型店铺 1

图 2-69 超市型店铺 2

促销型店铺：促销型店铺的特色是打折力度大，促销产品具有一定的性价比，单品转化率较高，单品库存量充足。为了让产品卖得多，第一屏的内容基本围绕着促销进行，因此促销模块会上移，并且多进行堆砌，营造热卖气氛。

2.3.2 描述页布局

一个好的宝贝描述胜过一位优秀的销售专员，因此，宝贝描述需要同销售专员一样从买家的需求出发，让买家感受到“你能给我什么？”

一般顾客通过搜索最先进入的是产品描述页，浏览过之后才可能进入首页或者其他页面。也就是说，首先流量进入描述页，有可能进行转化，如果转化不了，我们要将它再进行引导分流到其他的描述页进行转化。

因此，描述页的作用有以下两点。

（1）引起买家兴趣和购买欲望，完成转化。

（2）将流量进行有效分流，完成关联促销或二次转化。

那么，我们的宝贝描述如何一步一步引导买家，从认识我们的商品，到最终产生购买行为呢？

1. 宝贝描述包含的基本信息

根据顾客的浏览习惯，在浏览宝贝描述页时也是按照从上到下的顺序，在这个过程中，我们将商品完全展示给顾客。MR.ing 的运营总监小干在他的《如何打造爆款》课程中提到一个观点：三、二、一。意思是说，你要打造一个爆款，你的宝贝描述要有三米长，做两天的准备，一蹴而就。

那么如何做出三米长的宝贝描述，里面都包含哪些内容呢？

这里列出宝贝描述中应该包含的基本信息。

商品展示类：色彩、细节、优点、卖点、包装、搭配、效果。

实力展示类：品牌、荣誉、资质、销量、生产、仓储。

吸引购买类：卖点打动、情感打动、买家评价、热销盛况。

交易说明类：购买、付款、收货、验货、退换货、保修。

促销说明类：热销商品、搭配商品、促销活动、优惠方式。

大家检查一下自己的宝贝描述里包含以上哪些信息？

2. 宝贝描述功能分解

我们再将前面的内容分解成模块，来看一下有多少模块是我们可以使用的。

（1）宝贝整体图片：全面展示宝贝的整体效果。

（2）宝贝细节图片：从细节展示宝贝的部分效果。

（3）模特或使用效果图片：模特展示，或使用效果，情景展示宝贝的使用效果。

（4）广告图：卖点挖掘及促销图，卖点打动。

（5）SKU 属性：以文字或图片，表格等多种形式说明产品的材质、规格等信息。

（6）产品介绍：大多以文字形式介绍产品。

（7）使用说明，使用流程，洗涤方法（服装类）及产品使用注意事项。

（8）产品卖点：以细节图片和文字放大产品的卖点，一般是工艺、材质等细节说明，让顾客更多了解产品的特性。

（9）产品类比：与同类商品比较，挖掘本产品与其他产品不同的优势。

（10）口碑：展示出售记录、好评、买家评价、热销盛况。

（11）真人秀、真人示范、达人秀。

（12）包装展示。

（13）售后说明。

（14）企业文化展示、品牌文化展示。

（15）关联促销。

（16）活动图片：店铺活动、其他促销活动等。

这里分解出 16 个功能模块，这些是宝贝描述里常见的一些形式，不排除还有更多。这些模块不一定全部都要堆砌在宝贝描述页里，针对不同的产品可以选择不同的模块来进行组合。

3. 模块排序

我们先来思考一个问题，这些模块像积木一样组合拼搭，是否有顺序或者规律可循呢？如果宝贝描述要放如图 2-70 所示的内容，你认为怎样排序会比较好呢？

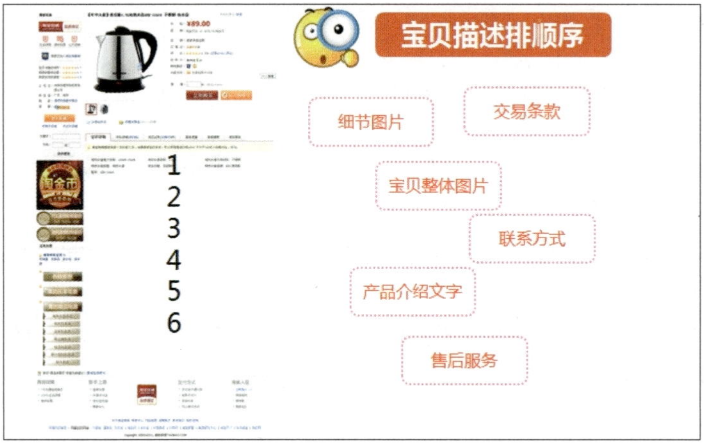

图 2-70 思考模块如何排序

一般情况下，针对大多数产品，我们可以这样排序，如图 2-71 所示。

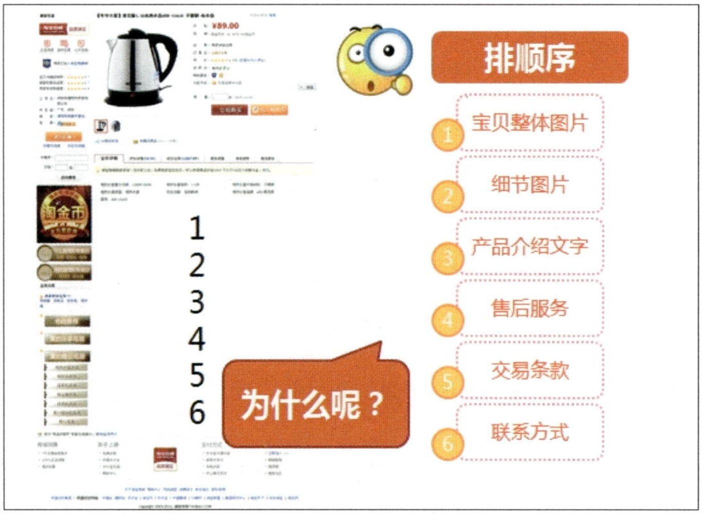

图 2-71 模块排序结果

为什么要这样排序呢？

我们来分析一下消费者的心理需求，这是一个递进的过程。比如我想在超市里买一个电热水壶，走进去一看，刚好看到一个电热水壶正是我想要的那种，这就相当于在描述页里看到的整体图片。接下来，我可能会走近一点，拿起来看一下它的细节、做工，这就相当于宝贝描述页里的细节图片。接下来，我觉得都很不错，可能就会去看一下它的功能如何、是否防干烧、是否使用安全、说明书等，这就相当于在看描述页里的产品介绍文字。如果这些都符合我们的要求，之后我可能会再去看一下售后服务，是不是有保修，是不是有维修，坏了会不会有全国联保等。如果前面的都合适，结果它在网上不支持支付宝付款，可能再少的钱我也不会买。最后，我会关心全国的售后网点在哪里，是否在我所在的地区有，是否方便。如果这些都没有问题了，这个时候就差不多可以购买了。但是可能还会再考虑一下，犹豫一下，这时如果宝贝描述后面再加上一些公司的实力、品牌，可能我会更信任，购买意向更高一些。如果再加上促销活动，可能就会实际产生购买行为了。

这是一个有刚性需求的顾客，也就是必定需要购买一个电热水壶的消费者所会产生的一个递进的心理过程。如果浏览的过程中，将消费者的这些问题都解决了，那么就会产生转化。

是不是所有类目的宝贝都要这样排序呢？

不一定，这种排序对于不注重外观的产品就不太合适。比如计算机硬盘，因为它们的外观都一样，顾客会更关心它的参数，我们要把买家最关心的内容放在最上面。所以，大家在应用时要注意，但大部分产品都适合这个排序规律。

4. 功能模块排序的几个误区

（1）是不是宝贝描述越长越好呢？是不是图片越多越全越好呢？

以服装类产品举例，特别是女装卖家，很容易将宝贝描述中的图片堆砌得特别多、特别长，整体图、模特效果图动辄十几张。比如我要买一件大码女装，首先看到特别多的图片，确实图片很重要，顾客比较关注。但是我们要考虑到，大码女装的顾客最关注的是什么？这类顾客一般会特别关注尺码，如果尺码有合身的才会去看图片，而现在很多的卖家将尺码放在所有图片的下面，也就是说，整体图，细节图，模特效果图，下面才是尺码。这么多的图片，一张一张出现，用鼠标往下拖，好容易看到尺码表了，还没看清，图片又跳出来，又把尺码表往下挪了，这样的体验就特别不好了。

再拿前面的内容来说，是不是意味着所有的宝贝描述都要做成三米长才是好的宝贝描述呢？不一定，如果你能做出三米长的宝贝描述，你必须要做减法，看哪些内容是可以舍弃的，哪些内容是可要可不要的，哪些内容是特别重要的。因为让顾客耐心读完三米长的宝贝描述是特别困难的，除非你有特别好、特别妙的方法，如 Mr.ing 的一个爆款商品“阮清风”洞洞鞋，之所以能够让买家读完三米长的页面，是因为它的每一张图都做成有新意的广告图，和当时淘宝上大部分卖家所用的平铺直叙的宝贝描述不一样，顾客读起来很有意思，所以才能继续读下去。而如果你不能把内容都做得很有特色，顾客会产生视觉疲劳。如果顾客看了几分钟，还没有找到想要了解的内容，那么页面下部分的信息顾客有可能就不愿意再看了，反而会降低你的页面转化率。

因此，如果你不能做到完全有趣，那么请不要盲目追求三米长的页面。反其道而行之，如果你能够用一两屏的内容将一个商品的信息点说得很清楚，那么短小精悍的页面反而更受欢迎。因此，页面做的是否好，并不取决于长度，而是内容制胜。

（2）是不是这 15 个模块都要用上呢？

如果你卖的是标类产品，也就是大家都是同一个厂家出来的产品，完全都是一模一样的，那就完全可以不用“产品类比”这个模块，如果用肯定是言之无物，毫无新意，纯属拼凑起来的，这样的页面读起来让人感觉生搬硬套，毫无乐趣，还不如不用。

如果你卖的同样也是标类产品，但有很多不同型号，比如同一个厂家的不同型号的产品，都是蒸汽烫衣机，有十几款不同型号的产品，功能上有差别。而宝贝描述全部都是使用同样的模块，诉说这些产品的共同特点。这样就让买家有一个疑问，到底买哪一款的比较适合？这时，就需要用到卖点挖掘，说明这些型号不同的优势，让买家能够找到适合自己的产品。

因此，这些模块是否要全部使用，取决于这个产品是否需要这样的模块来进行层层递进，而不是完全一样全部使用。

5. 两种顾客类型的不同页面设计

如果我们将顾客分为刚性需求和潜在需求两大类型，他们对于页面信息的需求程度是有差异的。

刚性需求的顾客是直接对商品有需求的，他们并不在乎你是否有卖点挖掘，而在乎他现在看到的商品是不是他需要的这一款，价格是否划算，卖家是否可信任。如果满足这些信息点，就可以下单购买。

而潜在需求的顾客，没有那么强烈的购买欲望，需要挖掘。他会更注意去看卖点挖掘等一系列能够打动他的东西，更关注视觉冲击力，适当时也更需要促销的推动。

所以，如果你的产品刚好是刚性需求类的产品，比如婴儿奶粉，你可以更注意突出页面中的刚性需求顾客的关注点，而不用模仿服装类描述页面长篇大论的设计方式。而如果你推出一款新的奶粉，想让已经习惯购买另一品牌奶粉的顾客改变而选择新的产品，那么你可以增加多一些的卖点挖掘和产品类比，让顾客增加尝试的可能。

6. 案例分析

我们来看一个案例，为什么同一个产品，三家不同店铺的宝贝描述所产生的交易量大不相同呢？

第一家店铺，如图 2-72 所示。

图 2-72 第一家店铺

这家店铺 30 天售出 0 件，一口价 145 元不包邮，多图展示只用了一个，浏览次数 263 次。

第二家店铺，如图 2-73 所示。

图 2-73 第二家店铺

这家店铺 30 天售出 236 件，一口价 135 元包邮，多图展示 5 个，浏览次数 11063 次，明显比第一家销量要好。

第三家店铺，如图 2-74 所示。

图 2-74 第三家店铺

这家店铺累计售出 3544 件，一口价 228 元不包邮，多图展示 5 个，销量明显比前两家店铺要好。有人说了，这是一个天猫店，销量当然要好些！其实不一定，天猫店也要看装修的内功如何。

接下来，我们来剖析一下三家店铺的详细宝贝描述，大家就清楚了。

第一家店铺的宝贝描述截图，由于篇幅问题，我将其排成了三列，如图 2-75 所示。

图 2-75

第一家店铺的宝贝描述存在的问题如下。

（1）第二屏的图片无法预览，这给人的感觉很不好。

（2）大量的文字说明，让买家视觉疲劳，不愿意阅读，顾客更愿意看的是图片。

（3）宝贝描述中的图片感觉就是从说明书上扫描过来的，没有任何自己个性的内容，说明掌柜没有用心去做。

第二家店铺的宝贝描述截图，如图 2-76 所示。

图 2-76

第二家店铺的宝贝描述相比第一家店铺的优势如下。

（1）有促销活动，有赠品。

（2）用了大量的图片说明背包的整体效果、细节及功能。

（3）用了模特展示效果。

第二家店铺的宝贝描述存在的问题如下。

（1）多图展示功能的后三个细节图是一样的。

（2）只用了女模特，给人感觉是这个包只适合女性，不适合男性。而且女性的鞋不太适合产品的风格。

（3）宝贝描述的下面部分还是文字比较多。

（4）没有品牌展示，信任度略低。

第三家店铺的宝贝描述截图，如图 2-77 所示。

图 2-77

图 2-77（续）

第三家店铺的宝贝描述相比前两家的优势如下。

（1）充分利用了多图展示功能。

（2）展示了自己实体店的实力。

（3）图片的逻辑条理清晰。

（4）有故事情节：用男女约会的方式讲述了一个浪漫的爱情故事，暗示这个包适合男、女或情侣。

（5）展示了自己的销售记录。

（6）用图片的方式展示产品的各项功能，如防水、耐磨、结实等。

（7）借明星展示了自己的品牌及工厂店铺实力。

（8）文字排版整齐，风格统一，给人以大品牌的感觉等。

所以说，第三家的销售量大并不是偶然的，而是他的宝贝描述确实做得很不错。

7. 宝贝描述设计要领

（1）宝贝描述图的图片拍摄。

- 图片清晰。
- 真实展示。

图片拍摄要注意角度和景别两个方面。

- 角度：多角度全面拍摄产品。
- 景别：被摄体在画面中呈现出的范围大小区别。分为远景、全景、中景、近景、特写。

如图 2-78 所示，用于多图展示功能。

图 2-78 多图展示功能

（2）展示产品的整体性，如图 2-79 所示。

图 2-79 展示产品整体效果

（3）展示产品局部细节，如图 2-80 所示。

图 2-80 细节展示

（4）展现品质，引起买家的购物欲望，如图 2-81 所示。

图 2-81 展示品质

（5）展现品牌，引起买家的购物欲望，如图 2-82 所示。

图 2-82 展示品牌

（6）尺码及售后说明，如图 2-83 所示。

图 2-83 尺码及售后说明

8. 关联营销

什么是关联营销？在一个宝贝描述页里，放另外一个或几个产品促销的信息。因为我们无法保证每位买家进入每一个宝贝描述页都能够产生购买行为，如果买家看到不是他想要的，可能就会产生跳失，而且很难再进入同一家店铺。这时，我们就需要对这样的流量进行有效的分流，引导他去首页或者其他可能感兴趣的宝贝页面，从而产生购买，而不浪费流量。如图 2-84 所示。

图 2-84 关联营销

关联营销放在什么位置比较好？

- 如果某个页面的跳失率高，我们就应该把关联促销图片放在上面。
- 如果某个页面的转化率很高，我们就应该把关联促销图片放在下面。
- 将关联营销放在上面、中间还是下面，一概而论的做法是极其错误的。这个要用数据说话，这些数据在网店后台的量子恒道里可以看到。

关联营销多少长度比较好？

我经常看到很多页面喜欢把关联营销放在第一屏的位置，而且有三屏以上的长度，其实这样并不明智。真正要购买这个商品的顾客如果进来之后三屏都看不到产品，可能会直接点击到其他页面去，导致这个单品的转化率很低，都分流掉了。因此，我们要控制关联营销，最好在两到三排，每排四个，就足够了。我认为关联营销最多不要超过两屏。

关联营销放什么内容比较好？

顾客既然搜索进入了这个商品页面，证明顾客的需求是与这个商品相关的，如果觉得不适合，那么也会选择同类产品，因此，我们一般放置的关联营销商品，价位要与这个商品在类似的水平，不要在一个 40 元的商品页面里设置关联 140 元的商品，这样的关联也不会有太大的成功性。另外，也可以考虑与此商品搭配的产品，如衬衫搭配外套、裤子，风格保持一致，这样的关联促销更容易成功。

- 如果是跳失率高或销量一般的宝贝描述页，就把店铺里热销的产品作为关联促销的内容。
- 如果是热销产品的宝贝描述页，就放与该产品相关的产品。
- 将同类产品互相关联，例如，同一类别不同款式的女包，这样可以给买家更多的选择，他不喜欢这个，也许会喜欢另外一个。
- 总之，关联营销的内容要从买家的角度出发：
- 分析顾客的心理需求。例如，他买了这个产品，还有可能喜欢哪些产品？或者说，他对这个产品不感兴趣，可能会对其他哪些产品感兴趣？
- 不要在所有的宝贝描述页里放同样的关联营销内容。

宝贝描述页总结：

- 把你的卖点喊出来！
- 让我知道你的优势与我有关。
- 把你的品牌体现出来。

9. 制作宝贝描述的规范流程

（1）写宝贝描述的文案。

（2）制作宝贝描述模板。

（3）制作完整的效果图。

（4）切片。

（5）制作宝贝描述代码。

（6）宝贝上架。

2.3.3 搜索列表页

搜索列表页是顾客在选择分类或者搜索某个商品的名称之后出现的一个页面，也是很容易被忽略的一个页面，未经过设计的搜索列表页如图 2-85 所示，经过设计的搜索列表页如图 2-86 所示。

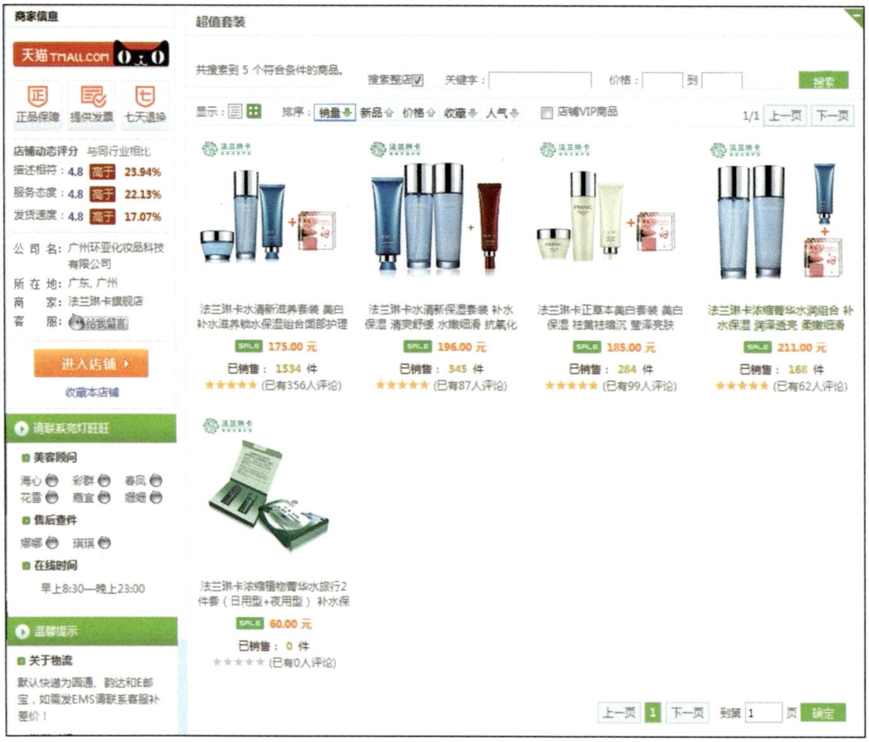

图 2-85 未经设计的搜索列表页

图 2-86 经过设计的搜索列表页

对比可以看到，经过设计的搜索列表页上面多出一部分内容，其实是一个非常好的广告位置，当顾客搜索了“胶原蛋白”，单击进入这个页面后，我们可以在广告位上让顾客看到胶原蛋白的推荐产品，这也有利于在店内打造人气产品。

这里的设计和广告促销图设计一样，因此设计上不多说明，但需要注意几个原则。

- 这里所占的长度不要过长，最好控制在一屏以内，可以使用轮播效果，缩短所占长度。让顾客既看到推荐产品，又能够继续查找搜索的产品，不至于失去耐心。
- 每个分类设置的推荐不要使用完全一致的，这样起不到精细化营销的作用，浪费广告位。
- 如果使用轮播效果，可以适当增加 1 ～ 2 页的人气商品或店铺活动，起到关联促销的作用。

2.3.4 自定义页

自定义页面的特点是独立页面、有文字与图像的组合、配合链接。

自定义页面的作用如下。

（1）把卖点喊出来——我的优势与你有关。

（2）把品牌体现出来——充分展示店铺实力。

然而，很多店铺并没有将自定义页面做好，如图 2-87 所示，类似这样的文字你愿意看吗？

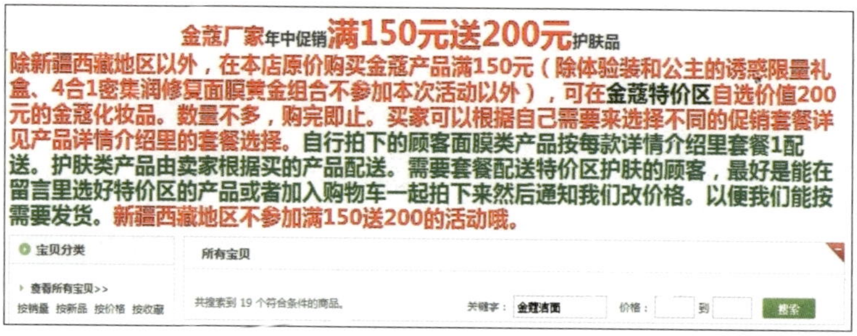

图 2-87 无图片的自定义页面

再如图 2-88 所示的两个页面，你更愿意看哪一个？我想大家都会更愿意看右边的图。浏览者最喜欢看的是图片，作为设计师一定要学会用图说话。

图 2-88 图文结合的自定义页面

我们还是来看看别人做好的自定义页面，如图 2-89 所示。

图 2-89 图文结合的品牌故事

在这个自定义页面中，图片和文字相结合，让人看起来很轻松，同时也将他们的实力、品牌很好地展现出来。

再看一个自定义页面，如图 2-90 所示，这样的自定义页面（购买须知），你愿意看吗？

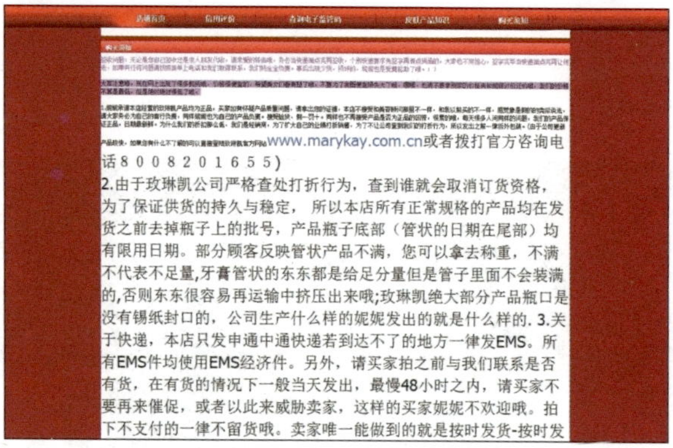

图 2-90 没有图文结合的自定义页面

自定义页将店铺中单一的页面扩展成多个有独立内容的页面，是首页的很好补充，也传达给消费者很多重要的信息，因此，对自定义页进行用心的设计会为店铺锦上添花。

2.4 商品陈列

商品陈列是百货行业一个非常重要的销售环节。不同的陈列方式会营造出不同的销售氛围，不同的销售氛围会影响顾客不同的消费心理状态。所以对于陈列来说，通过不同的视觉传达方式，既能够将商品更加美观地呈现给消费者，又能够提升销售额。因此，网店的商品陈列设计，也需要页面的设计人员熟悉一些基本的陈列方式和目的。

陈列的基本原则如下。

1. 显而易见

陈列的目的是促进销售，要让自己的商品容易被买家发现，这样才能激发消费者的购买心理。在同样一个区域，放置很少的产品，能够突出产品本身，但是会显得店铺货品不足，给人店铺冷清没有多少人光顾的感觉；放置很多的商品，会显得杂乱，而且过多的产品会扰乱顾客的视觉，顾客短时间内很难找到自己满意的商品，这样反而会错失更多的商机。所以对于陈列来说，要做到突出产品，又要做到产品丰富多样，就需要合理地运用空间，来分配商品与商品之间的间距。作为线上店铺的陈列，同样可以运用这一手法，通过这种方式将商品突出展示给卖家。例如，如图 2-91 所示，商品的在空间、色彩以及模特姿势上都有一定的选择，能够很好地表现出商品的丰富性和多样性。而类似如图 2-92 所示的商品陈列就会显得有点乱，影响消费者对商品的感知度。

图 2-91 好的商品陈列展示

图 2-92 杂乱的商品陈列展示

2. 重点突出

在同一个区域，对于商品来说需要做好一定的主次之分，如果在新品销售前期，并不清楚哪款商品会更加有优势时，可以把产品用同样的面积，整齐地放置在一起，让买家自行选择自己感兴趣的产品，如图 2-93 所示。在一个时间周期（例如以 7 天为一个周期），通过后台的点击数据或者销售数据反馈出某款新品更具有竞争力时，就可以调整区域的产品陈列，给予优势商品更大的区域和更醒目的设计，这样就可以让该产品的优势扩大化。通过突出重点的陈列优化，能让店铺的销量进一步提高。

图 2-93 整齐陈列商品

如图 2-94 所示，商品在店铺中展示的区域面积不同，代表着商品的着重性有所不同，对于热卖和主推的商品会给予更多的展现空间，来突出商品，并且运用红框中所标注的视觉暗示元素来提升买家的关注和点击。通过这些手法，以达到重点突出的目的。如果运用图 2-93 中的陈列方式，左侧的商品都用等面积小区域展示，右侧摆放一张完全不搭调的海报，这样将消费者的注意力全部集中到海报中，反而影响了商品的销售。

图 2-94 有重点的陈列商品

3. 整齐统一性原则

商品展示的品类和风格需要统一规范。同样是上衣，那么就可以把风格和款式类似的上衣并列陈列在一起，这样可以达到磁石效应，将对某种商品有消费需求的顾客汇集到指定的区域，然后通过集中地展示潜在的商品，从而进一步提升销量。所以将商品按照品类或者风格等某种特征进行集中展示，不同特征的陈列会吸引不同消费群体的关注。

如图 2-95 所示，四款吊带背心的图片风格完全迥异，将这样的四款商品并列地排在一起，显得十分突兀，商品会显得杂乱而没有档次。如图 2-96 所示，将同样是秋天穿的基础内衣这个品类的商品放置在同一个区域，不仅方便消费者选择，也可以通过这样平行的商品陈列测试发现更具有竞争优势的商品。进而增加优势商品的展现面积，放大磁石效应，让更多有需求的消费者来关注这个区域的其他商品。

图 2-95 风格不同的商品放在一起杂乱无章

图 2-96 同一品类的商品放在一起方便选择

4. 色彩对比

两个对比色的色块放置在一起很容易吸引人的眼球，通过这种视觉特征，就可以设计出一个吸引人的陈列。比如两款产品本身拥有对比色，类似于超市里面故意将青苹果和红苹果放置在一起，两款产品的对比陈列会吸引到很多消费者的注意。通过产品本身和背景色的对比，同样可以引人注目，万花丛中一点绿的效果是汇集目光的不二选择。如图 2-97 所示，同色系的商品放在一起，容易让消费者忽略中间的商品。相反地，如图 2-98 所示的商品陈列，中间的商品和两边的商品形成色彩对比，这样可以运用不同的色块吸引不同消费者的关注。

图 2-97 同色系的商品放在一起不醒目

图 2-98 具有色彩对比的商品陈列能够吸引关注

5. 关联陈列

如果店铺里面某一款咖啡卖得非常火爆，其他咖啡努力展示和推荐，也不见得有什么效果，试问此时做一张该款咖啡的海报，页面里面放置其他咖啡好还是放置方糖的图片好？答案显而易见，当进入店铺的大部分消费者都喜欢选择这款咖啡时，那么与其费力地改变顾客的消费习惯，还不如顺应顾客的消费需求。顾客习惯了这款咖啡的味道，那么他们需要的是更多的方糖，而不是其他口味的咖啡，所以关联陈列在这里就显得格外重要。

同理，我们引入的流量，通过关联陈列，能够让流量最大化地被利用，很好的提高客单价，也能够进一步提升销量。

6. 特殊陈列

在超市里经常看见某款商品杂乱地堆在一起，或者摆放成一个特殊的造型，这些不同的陈列方式有着不同的效果：杂乱的堆放在一起，给人以廉价处理的感觉；阶梯式的摆放，会让人觉得有感染力，降低价格敏感度，同时提升产品档次。这些特殊的陈列设计在超市中被称为堆头。如图 2-99 所示是超市里的拖鞋堆头效果。

图 2-99 超市中的托鞋堆头效果

同样在页面的陈列设计中，通过特殊的排版，也可以给人不同的视觉感受。以红黄为主色的陈列突出节日气氛，以多款颜色鲜艳的产品搭配在一起，体现年轻、活跃等。如图 2-100 所示，情人节中通过不同颜色的苹果进行心形摆放，不仅提升了商品的关注度，同时也能够提升节日中苹果的商品价值。

图 2-100 苹果的心形摆放效果

特殊陈列通常运用在店铺首页的活动海报中，能够很好地与活动主题契合，从而让进入店铺的消费者感受到视觉带来的氛围渲染。

2.4.1 品类排序

在了解商品陈列的一些基本原则后，需要对陈列品类的规划做一些更深入的了解。作为页面的设计人员，不仅要做到美观度，更需要科学地将店铺里面拥有核心竞争力商品通过视觉直观地展现给消费者。

通常进入服装店，首先会选择自己心仪的上装，然后才开始根据上装搭配满意的下装，因此我们可以发现，一些品牌服饰的专卖店里，上装的铺货面积要远远大于下装的铺货面积。如图 2-101 所示，上装的展示面积比裤子的展现面积更多、更明显。

图 2-101 上装的展示面积多于下装

结合页面来说，服饰店铺（裤装专卖店除外）的页面应该优先展示上装，然后再根据自己店铺现有的产品去展示下装、服饰配件等其他品类的商品。这样也比较符合大部分买家的购买逻辑。根据产品单价来说，将一些价格相对高一些的商品放置在页面偏上的一些区域，那么页面偏下的那些单价较低的商品更加容易销售。因为高单价商品已经给消费者注入一定的价格印象，所以页面下部放低单价的商品会显得更加便宜，从而更加容易让消费者接受。

品类排序不仅从消费逻辑上影响着顾客的消费需求，也通过价格因素影响了买家的消费心理。所以页面设计师在做首页布局时需要适当地对商品种类、特征进行一些熟悉和了解，如果有条件应该和产品经理或者该行业的资深人士进行一些交流，这样才能根据自身店铺的实际情况，有针对性地对店铺的品类在首页上做好合理的布局。

在品类规划中，价格因素也会对店铺的销售额产生较大的影响，同品类的产品在横向分布的几款商品中容易形成鲜明的价格对比，因此比较合理地分布是价值从左至右按中、低、高排布，如图 2-102 所示，这样让追求高性价比的消费者购买第一款商品，让价格敏感度高的消费者选择中间的低价商品，价格敏感度低的消费者选择高价商品。

图 2-102 商品按价格低、中、高排布

对于同类商品的纵向排布原理和上述方式一样，但是对于不同品类的商品纵向布局时，价格应该按照高、中、低的顺序依次排布。如图 2-103 所示，价格相对较高的外衣在上面，价格低廉一些的毛衣在下面，这样毛衣就会显得更加实惠。

图 2-103 商品按价格纵向排布

那么如何做好品类排序呢？

首先以店铺的主营产品出发，按照商品的SKU比例进行页面布局面积的配比，重点突出主营的产品。在页面的布局上，可以根据商品的销售情况，将畅销商品放置于有利位置，将常规商品给予常规的陈列。在页面的上方，还需要给予一个固定板块用作即时销售，这个板块更新商品的速度会快于其他的模块，主要是配合新品的促销，或者库存商品的清仓。

类似与试用中心第一屏的“付邮试用精选”一样，如图2-104所示，图中左边的部分是一个倒计时窗口，长期固定之后形成了顾客的记忆和习惯。而在店铺的设计中，我们同样可以将首页比较靠上的位置，专门设置为店铺即时促销的一个窗口，通过一定时间的积累，能够让老顾客，尤其是有价值的VIP顾客形成对这个模块的习惯性关注。

图2-104 付邮试用精选

除去这些特殊模块以后，品类的排序需要和分类里面的商品排序形成一致，从主流销售商品到辅助商品。对于页面的视觉设计来说，大部分视觉设计师习惯把自己喜好的商品或者看起来美观的商品给予有利的位置，这种偏向主观的设计思路并不合理。视觉营销的主体是营销，而视觉是作为一种手段，所以不能偏离营销的主体。需要综合店铺的发展规划、产品的特征以及仓储情况，然后对品类的排序进行调整。如果做不到这一点，至少页面设计师不能充当选款师的角色，而是应该由运营部门和页面策划来决定哪一款商品应该放置在最佳的位置。

一般来说，店铺页面上方的商品普遍比页面中下方商品的销售情况要好一些。以仓储情况为例，A商品库存1000件，B商品库存100件，如果将B商品放置在页面上方，A商品放置在页面下方，那么在保证商品处于相似的市场认可度的情况下，B 商品很快会出现断货，而 A 商品可能会出现货品的积压。也就是说，视觉设计师只是将两种商品进行位置的调整，就有可能会影响到仓储的很多问题。在比较合理的情况下，应该给予 A 商品更多的曝光率，适当的降低 B 商品的展现机会，这样可以保证 A 商品不会出现过多的库存积压，B 商品也能降低断货的可能性。这样的页面布局就可以让供应链以及仓储得到更好地资源配置。

品类排序与运营相关，店铺运营的方向、主推产品的确定以及视觉传达，都需要视觉设计人员和运营人员实时沟通，这样才能使视觉和运营达成统一性，视觉能够为品类的规划推广做好服务。

品类排序与产品开发相关，对于产品的风格、材质、款式这些产品基本属性，需要视觉设计师与产品开发部门或者采购部门进行沟通，对于产品如何进行分类才能符合消费者的查找习惯，哪些元素更加赢得消费者的认可，以及怎么区分款式和风格，这些并不是视觉设计师所掌握的范畴，因此要达到产品开发和视觉传达的统一，视觉设计师同样需要产品开发部门的技术支持。

品类排序与仓储相关，通过上述的案例就可以了解，视觉能够影响到仓储的情况，所以在开始进行商品的品类排序规划时，也需要根据仓储情况进行一些调整。

总而言之，品类的排序规划中，同样需要多个部门共同参与到视觉设计中，视觉的传达和团队发展方向的一致性非常重要。而现实情况中，很多店铺在运营规划和视觉设计上有一定的关联，在产品开发以及仓储等其他部门和视觉设计部门的沟通中是脱节的，所以造成的现象就是产品在店铺里面规划混乱，消费者很难在一个清晰的板块里寻找类似风格的商品。混乱的排序以及不规范的商品分布，导致很多有潜力的商品淹没在杂乱的视觉界面中，因此店铺的访问深度就会受到限制。在仓储上也会因为视觉传达的不一致而引起货品的积压，因此视觉设计师在关注视觉美化的同时，也要兼顾其他的限制因素，这样规划出的品类才能更好地与店铺情况相匹配。

2.4.2 商品搭配

商品搭配是通过关联陈列的运用，针对有相似消费需求的人群进行研究和分析，将他们潜在需求的商品搭配在一起，从而提升关联率，增加客单价。产品搭配不仅在首页上可以体现，同时在宝贝内页中也可以设置，所以在店铺视觉规划上，产品的搭配拥有者举足轻重的地位。

对于化妆品来说是比较容易做搭配的，以女士洗脸护肤入睡为例，首先需要卸妆油卸妆，然后用洗面奶或者洁面皂清洗，再用爽肤水或者保湿水，接着使用眼霜以及乳液等护肤品。在这一整套洗脸护肤的过程中需要的产品就会涉及很多，而且每一类产品都有一定的需求点。

按照女士入睡前洗脸护肤所需要的商品，如果店铺内某款兰蔻的爽肤水销售情况不错，那么在首页展示该爽肤水的促销海报来吸引更多消费者的同时，还需要在海报上推荐洗脸以及护理这些相关的商品，如图 2-105 所示，既方便消费者查找商品，又能提高商品的连带销售。

图 2-105 商品搭配展示

类似于销售服装的店铺，也是比较容易进行商品搭配销售的，通过产品搭配师或者有一定服装搭配经验的同事进行辅助，在页面上把单独销售的上装和下装以及配饰搭配在一起，形成多种穿戴风格，如图 2-106 所示。

图 2-106 服装风格搭配

通过主动式的产品搭配推荐，方便消费者挑选商品，让消费者不是在考虑接下来再买什么商品，而是考虑买哪一件商品更合适。因为很多女性在挑选到一件漂亮的裙子时，往往对搭配的上装会有犹豫，不知道配圆领短袖好看还是方领短袖更加得体。对于很多女性的不确定性的消费，主动式的关联搭配就非常重要，如图 2-107 所示。

图 2-107 主动式关联搭配

从盲目的不确定性到有范围的选择性，这样对达成销售来说更近了一步。通过商品的搭配，能够暗示消费者其他的潜在消费需求，并且运用搭配的折扣促销进一步刺激消费者的购买意向，这些消费心理的细节把握，在页面上通过视觉准确地传达给消费者，每一步细致入微的提升，都是商品搭配所需要达成的目的。

商品搭配的陈列方式可以分为并列式和递进式。

1. 并列式

并列式是将同类的商品汇集在一起，就像是超市中的饮料区，会把碳酸饮料集中摆放在相近的货架上，对于碳酸饮料有需求的顾客，就会在这个区域寻找自己满意的商品，并列式的搭配目的在于提升商品的丰富性，能够提升顾客对于该品类商品的购买概率。也就是说对于喜欢喝碳酸饮料的顾客，对于碳酸饮料的需求明确，区别在于选择哪个品牌以及哪种口味。在同品类商品充足的情况下，并列展示能够网罗更多的消费者。并列式也是最常规的商品搭配陈列方式。如图 2-108 所示，坚果零食的并列式摆放，可以让喜欢坚果食品的消费者有更多的选择。

图 2-108 并列式陈列

2. 递进式

适合递进式搭配的商品是因为商品和商品的使用之间存在一定的关联度。对于化妆品、户外用品这些需要配套的商品来说，与其增加商品的宽度，还不如提高商品的深度。以户外用品为例，很多“驴友”到户外野营，在购买帐篷的同时也需要防潮垫、睡袋、充气垫、马灯这些户外用品，这样才能尽量满足户外的生活需求，因此在店铺里并列展示很多款式和风格的帐篷并不一定会带来成交。很多“驴友”通常会在一家店里购买齐一整套所需的商品，这样既可以有一定的优惠，同时也能够节省运费。所以适当的并列展示帐篷的同时，更多的展示店铺拥有的其他配套设施，这样不仅可以体现店铺的产品深度，也能够给人以店铺专业、设备齐全的视觉效果。

如图 2-109 所示，通过帐篷再关联到其他的配套商品，通过关联商品的展示，提升了店铺的专业性，还提高了商品的连带率。

图 2-109 递进式陈列

类似于递进搭配的商品还有很多，这些商品拥有明显的关联度以及主次程度，通过核心商品的展示，然后再完善配套商品的展示，这种视觉搭配效果能够提升客单价，提高商品连带率。

2.4.3 系列组合

1. 购物篮分析

在百货业对于购物篮分析同样值得视觉设计师学习和了解。尿布和啤酒是一个经典的例子，尿布和啤酒属于风马牛不相及的两种产品，但美国沃尔玛连锁超市管理人员在销售数据上发现一个奇怪的现象：通过计算机中的销售记录显示，尿布和啤酒出现在同一个购物篮中的概率很高。这是因为很多年轻的父母，母亲会在家照顾婴儿，通常要求父亲在下班途中购买尿布，而男性在购买尿布的同时会顺带购买自己喜欢喝的啤酒。因此沃尔玛超市尝试着将尿布和啤酒放置在同一个区域销售，结果两者的销量都大幅地提高了。这就是购物篮分析的一种有趣现象。

购物篮分析是指通过消费者购买商品记录来研究消费者的购买行为，主要是为了找出哪些商品应该放在一起，凭借顾客的购买行为来了解这些是什么样的顾客，以及这些顾客会买哪些商品。通过找出这种关系，来获取更多的商业利益和建立竞争的优势。

运用购物篮分析，将一些并没有鲜明关联的商品搭配在一起，可以完成交叉销售，也能够提高客单价，并且对于促销管理以及客户忠诚度管理、库存管理等多个方面都有着显著的提高。

对于很多家居、日化以及五金等多个类目的商品，商品与商品之间并没有明显的关联度，就可以通过购物篮分析来实现商品的搭配与关联。

值得一提的是，购物篮分析也有一个误区。当店铺已经按我们所想象的设置了一系列的关联组合优惠或推荐之后，也许我们会认为这几个系列商品组合销售得好就是所谓的成功的购物篮，于是加大力度更有信心的去延续推荐。其实这个数据并不是纯粹的，真正的购物篮分析，是在原始状态没有任何关联暗示的情况下，顾客自发的连带购买而产生的组合，我们再将这个数据提取出来，进行搭配组合，这样更为科学。

2. 同系列商品陈列

系列商品陈列顾名思义是产品在设计时，通过某一种元素或者风格设计生产的独特商品。这些商品在风格上有着统一性，因此在商品陈列上，可以对店铺加以渲染，营造出独特的设计风格，也能通过视觉传达给消费者具有品牌识别的心理感受。

对于同系列商品，视觉设计师比较容易把控店铺的风格，塑造个性鲜明的视觉效果。因此，对于同系列商品的陈列，会有比较明确的设计针对性，只要很好的解读产品的理念，就能够做到商品和店铺视觉的统一。如图 2-110 所示，不同的商品运用了不同的植物精华，所以通过这些植物在右下方的统一展示，就能很清晰的让消费者清楚商品的特点与功效。

图 2-110 同系列商品陈列

3. 商品陈列的意义

商品陈列是一门比较复杂的学科，它不仅需要掌握色彩、空间设计、形象设计，还需要对市场学、视觉心理学等多门学科进行学习和掌握。商品陈列不同于传统意义上的产品摆放或者排版，而是有目的性的进行商品陈列设计。

商品陈列不仅能够完成商品的展示，同时能够提升品牌形象，营造品牌的氛围。在越来越多的品牌趋向于同质化的今天，运用商品陈列同样能够提升品牌的识别性。一个传统的商品摆放页面和一个耳目一新的商品陈列页面，带给消费者的心理感受完全不同。如图 2-111 所示，化妆品的植物提取元素和商品的并列展示不仅能够让消费者很快就清楚商品的功效，还能和品牌加深印射。商品陈列展示的特殊性能够提升商品的品牌识别度。

图 2-111 商品陈列提升品牌形象

最后商品陈列能够提高客单价，带动销售额，流量成本居高不下，商品陈列对于店铺的运营来说是一个很好的突破口。通过商品陈列，培养消费者的审美观，提升顾客的消费能力，以此引发的消费方式和购物理念的改变，也可以让店铺走出价格战的误区，维护好店铺和企业的良好形象。

第3章

文案完美视觉化

3.1 文案视觉化的重要性

电子商务时代，人们一般通过 PC、手机、iPad 等终端设备进行商务往来，不论运用哪种终端，它们都有一个共同的特点，就是应用显示屏来展示所提供的商品或服务的说明。

人们在获取信息的认知过程中，对那些“视觉化”了的事物往往能增强表象、记忆与思维等方面的反应强度，这一现象称之为视觉化效应，同时人们获取图片信息要比文字信息更加快速，并且印象更加深刻。

网络零售中，我们常说“卖产品等于卖图片”。一张能抓住眼球的广告，可以轻松带来引流；一张有特点的直通车主图，可以轻松带来点击；一张核心卖点图片，可以轻松打动顾客；一系列漂亮而到位的产品描述，可以轻松成功转化。

因此，在淘宝中，每个成功视觉展示图片在呈现之前，都是经过精心策划与设计的。设计师是如何把文案一步步转化成设计稿并最终成型的。本章将从商品营销的角度分析文案视觉化的过程。

3.2 如何做好文案视觉化

3.2.1 商品营销

营销，就以知道市场需求，抓住市场需求欲望，以最好的方案进行推广，扩充，营造需求氛围，并进行目标销售，达到广告效应，品牌效应，以树立品牌性，营销的另一个概念就是推广，提高曝光率。（定义来源：兰晓华著《营销管理》）

电子商务中的商品营销，也是如此，它包括线上、线下等“全媒体营销”方式，以互联网为传播介质的其他所有媒体推广后期所产生的一系列交易行为。

说到商品营销，就不得不提到马斯洛需求理论，他把需求分成生理需求、安全需求、社交需求、尊重需求和自我实现需求五类，如图 3-1 所示，五种需要像阶梯一样从低到高，按层次逐级递升，但这样的次序不是完全固定的。一般来说，某一层次的需要相对满足了，就会向高一层次发展，追求更高一层次的需要就成为驱使行为的动力。当然，当这种需要一旦相对满足后，也就不再成为激励因素了。

图 3-1 马斯洛需求金字塔

3.2.2 商品营销经典 FABE 法则

FABE（FAB）营销法则，是由美国奥克拉荷大学企业管理博士、台湾中兴大学商学院院长郭昆漠总结出来的。FABE 法则长期应用在传统的商品推销过程中，是一种非常典型的利益推销法，同时其可学习性、可模仿性、可操作性也是很强的。它整体通过四个关键环节，一步步逐层深入，极为巧妙地抓住顾客的购买心理，最终顺利地实现商品的销售。

在页面设计时，商品描述就像是传统意义上的推销员、导购员。其目的也是一步步让顾客心动，最终激发其购买的欲望，成功下单。本节我们将学习这个曾经长期应用于传统销售中的 FABE 法则，将其迁移并应用到电子商务的商品描述页中。

1. F 代表特征（Features）

产品的特征即产品的功能、属性、参数、特性等最基本功能。每一个产品都有其特定的使用功能，否则就没有了存在的意义。而对于一个产品的常规功能，同行也都有一定的认识。网络零售中，产品同质性比较明显，如何让你的产品与众不同呢？“深挖需求”找到自身产品的潜质，努力去找到竞争对手所忽略的特性，就能在同等竞争中略胜一筹。

2. A 代表由这一特征所产生的优点（Advantages）

产品的优点即 F 所列的商品特性究竟发挥了什么功能、效果？让买家体会到购买他的理由，与同类产品相比较，并列出比较优势。

3. B 代表这一优点能带给顾客的利益（Benefits）

即（A）商品的优势，所带给顾客的好处。利益推销已成为推销的主流理念，一切从买家的需求出发；一切以顾客利益为中心，通过强调顾客得到的利益、好处，从而激发顾客的购买欲望。

4. E 代表证据（Evidence）

证据包括技术报告、测评视频、买家好评、媒体报道、操作示范等。这些证据应该具有足够的客观性、权威性、可靠性和可见证性。

为了更直观地学习 FABE 法则，我们来看一个销售领域著名的故事——猫和鱼的故事，如图 3-2 所示。

图 3-2 中图 1：一只猫非常饿了，想大吃一顿。这时销售员推过来一摞钱，但是这只猫没有任何反应。这里的“猫”是客户，而“钱”则是产品特性，这一摞钱只是一个属性(Feature)。图 3-2 中图 2：猫更饿了，销售员过来说：“猫先生，我这儿有一摞钱，可以买很多鱼。”在这里，“买鱼”是这些“钱”的作用（Advantage），但是猫仍然没有反应。

图 3-2 中图 3:猫快饿疯了,想大吃一顿。销售员过来说:“猫先生请看,我这儿有一摞钱,能买很多鱼，你可以大吃一顿。”话刚说完，这只猫就飞快地扑向了这摞钱。此时，销售人员对商品（钱）的讲解构成了一个完整的 FAB 链，打动了客户（那只猫）。

图 3-2 中图 4:猫吃饱喝足了,需求也就变了,它不想再吃东西了,而是想见它的女朋友。这时销售员说：“猫先生，我这儿有一摞钱。这些钱能买很多鱼，你可以大吃一顿。”但是猫仍然没有反应。因为它的需求已经变了。

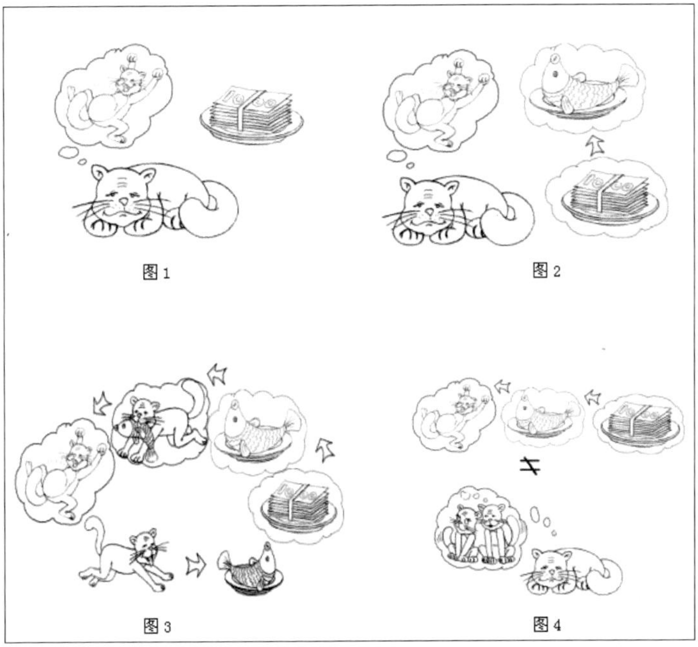

图 3-2 猫和鱼的故事

这个故事启示了我们：产品在描述的时候，切记应该要按照产品特性、作用、益处、（甚至佐证）的顺序介绍产品。只有这样，才能将产品信息全面准确地传达给顾客，从而有效打动客户。

FABE 法则简单地说，就是根据产品自身的性能特点，在找出顾客最感兴趣的各种特征后，进一步分析这一特征所产生的优点，同时找出这一优点能够带给顾客的利益，最后拿出证据，进一步佐证它，证实该产品确实能给顾客带来这些利益。

在营销领域里，推销或者描述一件产品时，按照这种 FABE 法则的顺序和步骤去描述是比较有条理并能成功有效转化的。

举个最简单的例子：卖一款纯棉 T 恤。

淘宝中，服装样式可谓是琳琅满目，而每款衣服都有很多特性，为了吸引受众，增加页面停留时间，你就要先找出一些与众不同的闪光点。夏天的 T 恤很普遍，纯棉则是目前受众所从善的。因此“纯棉”就是产品的特性，纯棉的面料最大的特点就是比较“吸汗、透气”，进而这个优点所给顾客带来的好处就是穿着比较“凉爽、舒适”。

F：纯棉 T 恤。

A：纯棉，吸汗、透气。

B：因此夏天穿着它，比较凉爽、舒适。

E：可以用检验报告来说明这款衣服的材质，以及用网友评价来证明这款衣服的好评度等。

这个 FABE 法则在电子商务上常应用于在宝贝描述中，运用得好将很有说服力，对提高转化率将起到明显的帮助。而在商品广告或直通车图中，因为表现有限，一般用 FAB 就可以达到推荐效果，提高点击、提高流量。

3.2.3 FABE 法则的视觉化表现

3.2.2 节中我们学习了 FABE 法则的方法，然而产品描述页的具体设计中，应该如果把 FABE 法则加以视觉化呢？我们先从几个案例，引入 FAB 及 FABE 在网店中商品营销中的表现。

1. 案例一：苹果 The new iPad 的 iSight 摄像头介绍

F：iSight 摄像头。

A：它经由先进的光学技术设计而成，让你可以拍摄绚丽的照片和 1080p HD 高清视频。

B：iSight 摄像头，你的记忆由此清晰

如图 3-3 所示的这张图，核心要表达的是这款 iPad 有一个高清摄像头。在画面设计中，便按照文案所规划好的细路，从产品属性——iSight 摄像头，到技术优势——可拍高清照片和 1080p HD 高清视频，最后情感提升——让你的记忆由此清晰。用小孩的照片触动你对这个卖点需求的认可。

图 3-3 The new iPad 的 iSight 摄像头介绍

2. 案例二：亚麻裤卖点介绍

F：Markless 新款亚麻裤。

A：手感柔软、光滑凉爽、透气、抗静电。

B：会呼吸的面料。

如图 3-4 所示的这张图，核心要表达的是这款亚麻裤很舒服。在设计中，同样按照文案的 FAB 规划，从产品属性——亚麻裤，到材质好处——手感柔软、光滑凉爽、透气、抗静电，最后情感提升——会呼吸的面料。画面中，用一位女性轻扶衣物甚是陶醉的感觉让用户体会到这款衣物的舒适。

图 3-4 亚麻裤卖点介绍图

这两个案例，都只是一张图，却都准确表达了产品特性。从 F、A、B 的角度分别图示化诠释了这个产品的卖点。这便是 FAB 法则在网店视觉化中的体现。

3.3 如何提炼出绝佳的视觉创意

产品广告、产品描述的核心任务是与人产生沟通，感染他们，让顾客的思想和他的金钱靠近你的产品，并且远离你的竞争对手。视觉创意则不要忘记一则古老的广告法则——AIDMA 理论。只有引起注意（Attention），才能提起兴趣（Interest），从而激发欲望（Desire），同时增强记忆（Memory），最终采取行动（Action）。如果你的产品视觉呈现，不能起到沟通的作用，那么无论你投入多少金钱、应用多少媒体都不会奏效。比如广告图、直通车图没人点击，即使点击了，看到很普通的产品描述又会跳失，无法转化。

本节将从视觉创意的角度分析如何用视觉来说话。

3.3.1 产品视觉创意

下面从广告中人物与商品的位置关系的角度，分析一下广告在创意中的表现方式。

1. 广告视觉表现手段：商品与模特的位置与视线关系

（1）模特在拿小巧、可爱、贵重的东西时，可以把商品拿到脸旁或前面。

（2）拿大东西和长东西时，把物品的曲线与人体曲线在面部交叉。

（3）家庭、厨房等日常操作型产品，要用力拿，表示其结实和耐用。

（4）当模特在拿不动的东西旁站立时，和商品间要有互动，不要和商品孤立。

（5）模特的视线只能看着拿着的商品或是镜头（观众）。

（6）S 形——表现女性的优雅、曲线、成熟。

（7）C 形——女性的年轻、活泼、可爱。

（8）I 形——紧张、正式、严肃。

如图 3-5 所示为一系列淘宝产品广告图。

图 3-5 商品与模特的位置与视线关系

2．好创意，让产品“跳”出来

网络零售中，产品需要通过一定的表现形式才能传播，选择适当的表现形式是有效传播企业形象、产品信息的关键环节。到位且有创意的广告或产品描述能够增强产品被认知的程度。

长期以来，很多网店的广告以及描述缺少创新，或是单一文字，或是简单的产品图，整体缺少美感。视觉上如何以自己独特的形象让产品脱颖而出，既能有所创新区别于同类产品，又能更好地突出主题抓住顾客眼球，是需要在不断的分析和学习中总结的。

一个广告要从页面众多广告中脱颖而出，就必须要有自己独特的东西，因此，一个创意新颖的视觉表达，会让产品“跳入”消费者的视野，从而刺激消费者的购买欲。如图 3-6 所示为一款包的广告图，每个女性对包的渴望与需求不亚于她对食物的需求，图中左边女性用牙齿咬住包包，右边是一位男性拉走包的动势。两者形成鲜明的对比，女性面部那种对包包的抢夺的表情，能让观众感受到她对这款包的强烈渴望，给人以强烈的视觉冲击感。同时也让观众把目光定格在图中那款玫红色的包上，突出产品本身。

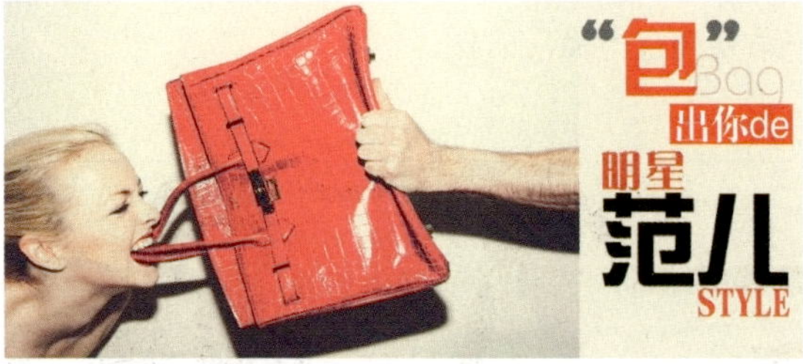

图 3-6 女士包的创意广告

我们再来看几个商业创意广告。

如图 3-7 所示为联想笔记本的一个广告，乍一看，感觉画面比较空，不知道人物在做什么，然而观众目光会随着图中主人公的视线角度望去，观众的目光又集中到下水道口上。如果没有右下角的电脑和 Logo，观众很可能并不知道这个广告要表达的含义。不过当人们看不懂的同时，又立刻领悟到画面的表达，便豁然开朗，会心一笑，原来表达的是它的极致“超薄”！这个广告将铭刻到用户的心里，从而真正达到广告的宣传目的，是一个成功的广告创意。

图 3-7 极致超薄——联想广告

如图 3-8 所示为 Nikon 卡片相机的广告，广告吸引眼球的，也许一开始是画面中心处的两位性感女性的姿态。观众在注意画面的同时，便会想象这个广告是要表达什么，再细看一下，原来画面中有很多个小黄框。原来这个广告是要说明的是 Nikon 这款相机超强的“智能人脸识别功能”。让受众认真观察的同时，知道了这款相机的核心特点，从而也记住了相机上明显的产品 Logo，达到很好的宣传效果。

图 3-8 一共几个人——Nikon 相机广告

说到汽车广告，大家印象中的汽车广告一般是画面中靓丽的汽车流线或是极速飞驰或是性感美女。而你是否有想过，一个汽车广告，画面中不出现汽车，却能让人感觉这个汽车的强悍呢。

如图 3-9 所示为 Jeep 的一个广告，画面中没出现汽车，只出现了他的一个 Logo。题为“我的停车位”，视觉上就让人感受到这款汽车的性能和霸气。让人很想点开广告看看到位是哪款车型。从而神奇的达到没有主产品的广告也能高点击率效果的广告图。

图 3-9 我的停车位——Jeep 广告

这一系列广告，主要是让大家了解与认识到创意广告的魅力。感受到产品宣传策划和广告创意可以让用户深刻地记住你的产品。当然作为淘宝广告而言，有时要考虑到信息传达的快速性，会适当考虑增加一些必要的文字和说明，引导用户快速理解广告，并接受信息，达到最佳的推广目的。

3. 应用好 FABE 法则，让转化率翻倍

商品描述是什么？是推销员、是导购员。

考察业务员能力的核心指标是什么？是成交量。

同样，评定描述好坏的核心指标也是成交量（或是转化率）。

就宝贝描述文案创意而言，我们来看一个案例。这个案例是 3C 配件的移动电源，我们先来了解一下移动电源这个“热词”目前的市场背景情况。

移动电源产品目前在淘宝上的搜索量和销售量巨大。如图 3-10 所示为数据魔方 2012 年 8 月至 9 月近 30 天以来移动电源行业的市场关注规模。

图 3-10 移动电源行业近 30 天淘宝关注规模数据

数据表明，近 30 日，淘宝此商品的搜索次数达到近 860 万次，关注次数更是达到了 2300 万人次，并以 14% 左右的速度在增长，可谓是目前 3C 配件中最火爆的一类产品。

如图 3-11 所示为爱国者 aigo 的一款移动电源产品 E5000。该款电源上市 1 个月，其中有 1 家天猫店累计销售过千台，目前此店该款日销百单。而相比另外几家卖同样商品的店铺，上架时间一样的，却以每天几单的出货量在销售。

图 3-11　爱国者移动电源 E5000

为什么同类型的店铺在销售同一款产品时会有如此大的差别呢？如图 3-12 所示。

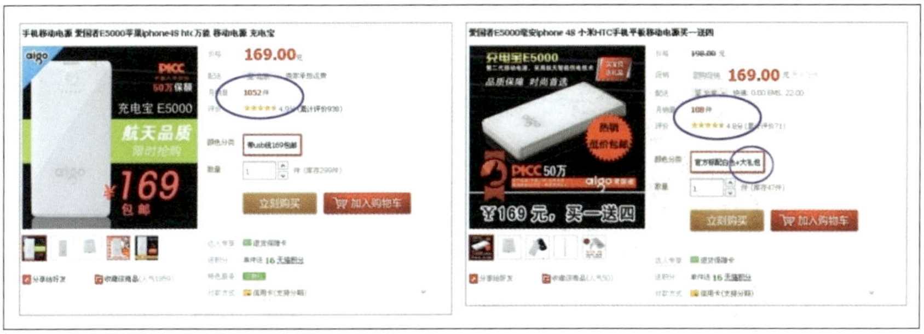

商家 1　　　　　　　　商家 2

图 3-12　同款销量对比

原因其实很明显，大家对比其产品的宝贝描述就可以知道其真正的原因了。

如图 3-13、图 3-14 所示。商家 1 的描述页十分注重视觉营销设计，同时每张卖点图都较深刻考虑到了 FAB 法则。其整个宝贝描述，由上到下，也充分应用了 FABE 营销法则。而商家 2，在产品详细说明部分，首先从视觉的美观角度就弱于商家 1，另外其描述只是做到了我们说的营销法中的 F 部分，也就是只描述了产品的基本属性，并没有展开深挖需求，因此得不到顾客的情感共鸣，不能最终打动用户为其心动下单。

同样是描述产品尺寸，商家 1 用产品与 iPhone 4s 这一参照物对对比，加上具体尺寸的标注，让用户一目了然，从感官上直接感受到产品的大小。同时模特手指夹着移动电源的姿势，从另一个角度也诠释了该款产品的轻薄。

同样是描述产品的端口功能，商家 1 视觉化描述了各个端口及按键的功能，并结合了一块手表的机芯作为素材，“表里如一 精致细心”，充分表现了该产品内外兼修的品质感。

同时，商家 1 还做了很多用户需求的深挖以及更多产品卖点提炼，比如“人保 50 万元承保”的说明，满足用户对这一电源产品安全方面的顾虑；“安全”性能的卖点描述，让用户了解产品的 4 大安全保障，进一步提升对本产品的认可度；“钻石般闪耀与坚固”描述了产品跌落实验的总结，深刻体现了其“ESP 航空抗震”的航天技术的民用化移植（据了解，爱国者长期为中国航天提供航天级录音、存储、供电等服务，并成功应用于神舟六号、神舟七号）。

对比后，大家可以比较清楚的发现，同样的产品，文案提炼、视觉表达的不同，呈现给受众的将会是判若两样的产品，最终得到的销售效果也是天壤之别。

商家 1　　　　　　商家 2

图 3-13 同款电源两商家描述对比图 1

评定淘宝视觉的好坏，当然是要“用数据说话”。如图 3-15 所示，数据魔方表明，该款宝贝某天某一时刻的转化率一度达到了 7.95%，应该算是一个相当成功的宝贝描述了，值得大家学习与借鉴。

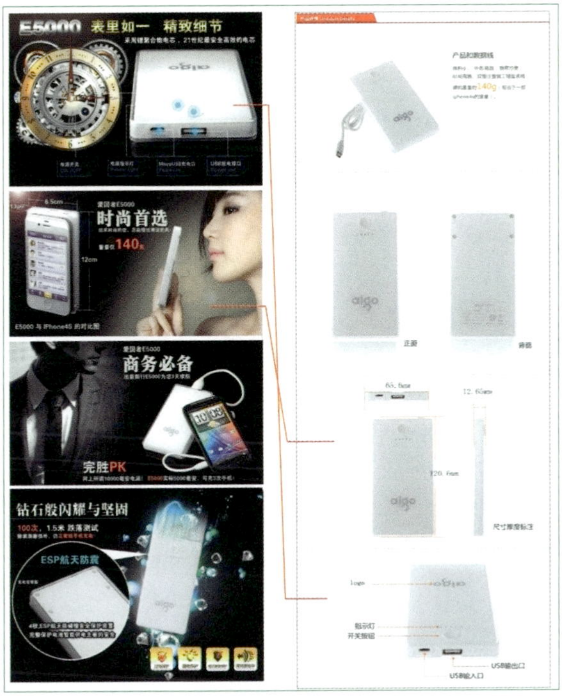

商家 1　　　　　　　　商家 2

图 3-14　同款电源两商家描述对比图 2

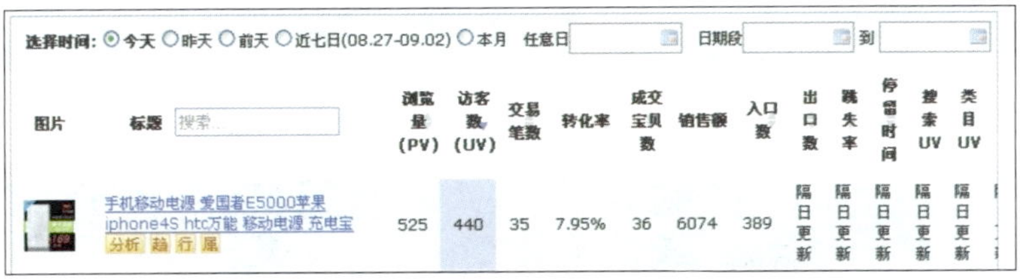

图片	标题	浏览量(PV)	访客数(UV)	交易笔数	转化率	成交宝贝数	销售额	入口数	出口数	跳失率	停留时间	搜索UV	类目UV
	手机移动电源 爱国者E5000苹果 iphone4S htc万能 移动电源 充电宝 分析 趋 行 属	525	440	35	7.95%	36	6074	389	隔日更新	隔日更新	隔日更新	隔日更新	隔日更新

图 3-15　爱国者 E5000 的后台数据

3.3.2 活动视觉创意

通过广告的创意、产品描述的创意，大家已经感觉到视觉化文案的魅力了。本节我们再来看一下一些活动广告及专题的视觉创意。活动视觉，首先要应景，即充分考虑活动的主题，详细策划并用恰当的色彩、风格，最终达到店铺或品牌营销、引吸流量、提高销售的目的。而这些活动无论是节日的活动，周年庆的促销，还是淘宝或类目的主题活动，或是店内主题活动等，其视觉表现上都会有所有不同，但核心就是有创意、有特点、有促销、有力度、有广度。

2012 年 1 月 11 日，是一个标志性时刻，阿里巴巴集团旗下 B2C 平台淘宝商城宣布更名为天猫（Tmall.com），并确定天猫是时尚、潮流、品质、性感的代名词和化身。与此同时，天猫向全球发出英雄帖，征集 Logo 及形象。

2012 年 3 月 29 日举行的年度盛典上公布了其全新品牌标识和形象。首先，我们先来看当时“天猫”正式确定 Logo 后的一系列广告，如图 3-16、图 3-17 所示。 在正式公布 Logo 一周左右的时间后，全新的天猫户外广告便陆续登上了各大城市的地铁、车站灯箱。天猫这次宣传的主题为“千人千面”。而最“潮”的关键词成为了这些海报的主题——无论是网络流行语“酷”、“萌”、“潮”、“宅”;还是个性词汇“文艺”、“拉风”、“有型”、“范儿”，都为天猫的“千人千面”这一主题提供了诠释，从而让用户感受到天猫有着众多的商品以及满足各类人群受众的需求。

图 3-16 天猫“千人千面”主题广告 1

此系列广告，最突出的特点就是“个性”，它抓住了现代人对各种个性风格的从善；对各种潮流时尚的追求。广告以“叫我 **”为各自的主题，结合夸张的人物照片，简洁而又直观的突出了各自的主题。整个主题广告结合了淘内、淘外、微博、户外、CCTV 等，全媒体轰炸式传播，成为当时最具影响力的电子商务类广告之一。

图 3-17 天猫“千人千面”主题广告 2

讲到淘宝活动的视觉创意，那当然要先有较完善的活动方案。我们先来简单了解一下淘宝活动的策划。

1. 淘宝活动的分类

（1）淘宝时令促销活动：主要特点是节日、季节等促销活动。包括淘宝官方活动以及店铺自身活动。官方活动正常由淘宝网站营销、市场推广部整合运营，针对淘宝所有会员。

（2）淘宝热门主题活动：主要和时下线下热门活动或事件一致，比如奥运、世界杯，或是官方、类目专题活动，比如天猫上新、数码节、内衣专场等合作主题活动。活动正常由淘宝类目发起，针对部分特定类目会员。

（3）店铺自身主题活动：主要针对自身产品的特点，结合店庆、节日、创意活动等方式，阶段性的策划各类创意主题活动。

2. 活动方案的规划步骤

（1）我们卖什么？

找到用户的利益点，抓住产品的核心卖点，大声说出来。

（2）卖给谁？

明确产品受众人群，包括考虑到活动价格的下调，受众可能会扩大或影响到的人群。

（3）运用什么促销策略？

打折、满就减、买就赠、赠品、抽奖、其他附加值等。

（4）如何推广？

- 淘宝站内推广：直通车推广，钻展推广，帮派、店铺动态等淘内 SNS 营销推广，店内活动气氛及关联推广等。
- 淘宝站外推广：论坛、贴吧、博客、微博推广、淘宝客、淘宝联盟、威客信息发布、其他推广方式。
- 老客户关系营销、Email、EDM 邮件营销等。

（5）预算多少？

做任何事情都要考虑 ROI（投资回报率），投入产出比。预算包括活动成本、前期推广费用、产品利润率、促销奖品等，还要考虑到人力成本、物流成本。

3. 活动视觉设计实施步骤

（1）方案头脑风暴。

策划人员拟出活动方案初稿和设计师一起头脑风暴，思想碰撞，交流中发现创意灵感。

（2）确定设计思路。

策划人员确定活动方案细则，确定投放广告的位置和尺寸及投放时间计划，并让设计师明确本次活动的意义。

（3）确定设计风格。

设计师根据创意点，收集设计所需的素材，结合必要的数据以及活动期望达到的效果页面参考，最终确认设计风格。

（4）设计活动频道页。

设计师根据整体风格与思路，具体设计活动页面。

（5）设计活动其他推广图片。

参照确定的页面效果和风格，设计其他具体推广图片。

下面，我们再看一个彩妆淘品牌 PBA 的专题案例。首先我们来看一下专题活动首焦图，如图 3-18 所示。

图 3-18 PBA 专题活动淘宝首焦

其首焦主题为“别再把约会搞砸”，让用户去猜想“是什么，才会搞砸约会呢？”从而吸引用户点击了解详细。另外第二主题为“促销”，俗话说：不以促销为目的的活动，都是“耍流氓”！人，都是想占便宜，而不是买便宜。一切商品只要用户理解是有性价比的，他就愿意花钱去拥有它，因此促销仍是淘宝各类活动组织的前提。

约会，大家一定想留给对方一个完美的印象，本专题活动以“约会”为主题，并以教大家如何化好妆付约为诱饵，从而勾起网友对这个“更美丽”的利益点需求，吸引网友停留细看。如图 3-19 所示。

图 3-19 PBA 专题活动页

该活动页面分为五个部分：

- 约会前准备；
- 清新妆容奔赴约会；

- 美妆达人教你如何急救；
- 网购达人教你如何省钱；
- 更多彩妆组合推荐。

有了这些策划和构思，就要将它完美视觉化。该专题中，由 A 到 E，每一步表面上是引导大家学习化妆知识和技巧，其实都是在推荐 PBA 的相应产品。从日常护理的面膜、面乳、精华水，到约会前的全效 BB 霜（一款 PBA 淘宝爆款 BB 霜）、散粉、唇膏……

活动画面以快乐、甜蜜、小清新的感觉让大家感受那份属于两个人的浪漫与快乐。

好的文案，配上完美的视觉化呈现，必将让转化翻倍。

第4章

流量引导

4.1 流量构成

网店的流量是消费者通过某个入口进入店铺访问的一种途径，进入店铺的每一个流量都代表一个访问者。也就是说，要研究网店流量不是单从数据上观察，而是要观察流量背后的消费者，作为消费群体本身的一些特征。

某个流量的入口代表着有某种相似消费特征的群体通过这个入口进入店铺，比如，通过搜索通道进来的消费者首先关注的是产品本身和自己所需要的商品的契合度，通过聚划算进来的消费者通常是关注该款产品的折扣是否吸引人，同时这款产品自己是否有需求。也就是说，主动搜索关键词时，我们是对产品有明确的消费需求，而从聚划算的入口进入，可能是因为有一定的消费需要，但是更多促成购买的因素是吸引人的折扣。从上述的对比案例可以知道，作为一个视觉设计人员，需要对流量的构成有一定的了解，这样才能针对不同的入口设计出合理的图片，从而吸引更多的消费者关注。

淘宝店铺和天猫店铺后台都有一款免费的数据统计分析工具——量子恒道，要了解流量的特征和一些消费趋势所形成的数据反馈，我们需要观察推广效果中的流量来源构成，如图 4-1 至图 4-3 所示。

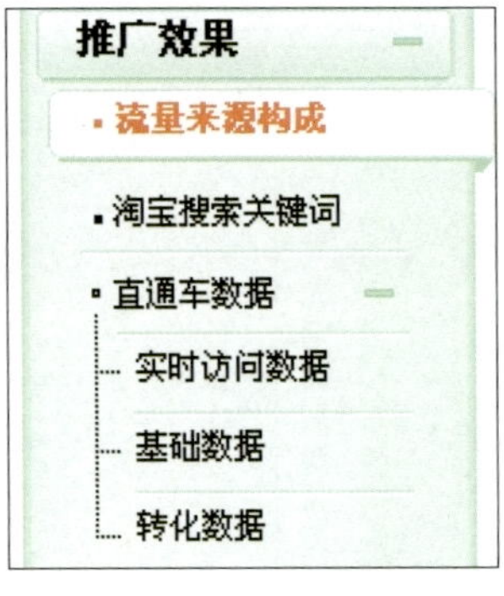

图 4-1 流量来源构成入口

2012-08-03到2012-09-01来源构成报表　　下载　打印

来源	详细	到达页浏览量	百分比
自主访问	直接访问	1,361	21.45%
	我的淘宝	94	1.48%
	卖家中心	62	0.98%
	购物车	48	0.76%
	店铺收藏	33	0.52%
	宝贝收藏	27	0.43%
	合计	1,625	25.61%
淘宝付费流量	直通车	810	12.77%
	淘宝客	365	5.75%
	合计	1,175	18.52%

图 4-2 流量来源构成报表 1

淘宝免费流量	试用中心	911	14.36%
	淘宝搜索	790	12.45%
	淘宝站内其他	681	10.73%
	商城搜索	481	7.58%
	淘宝店铺搜索	315	4.96%
	淘宝类目	91	1.43%
	阿里旺旺非广告	85	1.34%
	淘宝管理后台	38	0.60%
	淘宝其他店铺	23	0.36%
	淘宝信用评价	22	0.35%
	淘宝收藏	5	0.08%
	店铺街	1	0.02%
	哇哦	1	0.02%
	淘宝首页	1	0.02%
	合计	3,445	54.29%
淘宝站外其他	http://lsxsoft.com/bingdia...	28	0.44%
	http://m74.mail.qq.com/cgi...	15	0.24%
	http://shenli518.cn.alibab...	7	0.11%
	shenli518.cn.alibaba.com	5	0.08%
	http://www.maigoo.com/bran...	4	0.06%
	其他	38	0.60%
	合计	97	1.53%
一淘	一淘首页	3	0.05%
	合计	3	0.05%

图 4-3 流量来源构成报表 2

1. 流量的性质

从流量来源报表可以看出，淘宝流量的性质大致分为自主访问、淘宝付费流量、淘宝免费流量、淘宝站外等几大板块。每一个板块里面又包含了不同的细分流量入口，这些流量入口就像很多溪流一样，逐渐汇总进入店铺的各个页面。

对于淘宝站内几个主流的入口来说，自主访问说明消费者本身的账户页面中就存有关于店铺的一些信息，所以可以通过店铺收藏、购物车、宝贝收藏等形式直接访问到店铺，这些顾客是曾经浏览过店铺或已经进店消费过的客户群，他们对于店铺来说是最具有价值潜力的消费群体。自主访问的消费者相对于其他入口的转化率来说会高一些，也是店铺最容易挖掘的金矿。

淘宝的付费流量，淘宝的付费流量需要店铺投入一定的费用，通过买广告的形式增加展现商品的概率，这样就需要店铺对于商品广告投放的投入产出比进行一定的衡量。某些广告位创造的价值无法让商品实现赢利，那么就应该理性地进行投放。如果某些广告位可以达到可观的收益，那么就可以增加投放量。

淘宝免费流量属于最具有诱惑力的流量资源，随着入驻的商家不断增加以及商品的不断扩充，淘宝免费流量资源的获取难度也不断增加。排除一些活动的亏损引流外，绝大部分淘宝免费流量的获取几乎不需要成本，因此，免费流量的商业价值也非常高。尤其对于搜索流量来说，受到了绝大多数商家的追捧。

2．流量的特征

因为流量入口和商品的展现方式不同，能够吸引消费者的方式也会不同。商品会通过两种形式被消费者所发现：主动式访问和被动式访问。主动式访问属于消费者有明确的购物需求，在消费者心中存在一件商品，所以消费者会通过对商品的主动查找来发现自己需要的商品。例如，消费者需要苹果手机，他们就会在搜索栏中输入“苹果手机”来检索自己需要的商品。被动式访问的特征是消费者并不明确自己对某种商品是否有消费需求，当偶然地浏览网页信息时（实际上是商家有意投放广告或者展现商品）发现了一件自己认为有消费需求的商品，从而进行咨询和购买。例如，某位买家打开淘宝网的首页，偶然发现焦点图的广告中有一件漂亮的裙子非常喜欢，因此进入店铺进行购买，这样的访问就属于被动式访问。

3．流量的特征分析

大致知道流量的特征以后，就需要对流量结构中的入口进行分析和归类，这样才能针对不同的特征，做相对应的视觉处理。以淘宝付费流量中的“直通车”和“钻石展位”为例，直通车是通过关键词的设置和付费，从而在网页的一些固定位置得到排名和展现，比如商家设置关键词“苹果手机”出价 2 元能够出现在直通车的商品排名中，当某位消费者打算购买手机，通过搜索栏输入“苹果手机”时，那么这位商家投放的广告就有可能被消费者发现并点击。也就是说，直通车和关键词搜索的特征类似，也属于主动式访问。

对于钻石展位，淘宝网首页焦点轮播图的中间三个位置就属于钻展的位置。也就是说，钻石展位属于被动式访问的其中之一，如图 4-4 所示为钻石展位。

图 4-4 钻石展位

对流量构成中一些主流的入口进行观察和分析，很快就可以把一些店铺主要的流量入口的流量特征做好归类。当然，这些流量入口在展现方式中存在共通性，但是因为进入的人群会有一些差异，所以在图片的制作中也会存在一些差异。

4. 主动式访问特点

主动式访问带有比较明显的目的倾向性，对于主动式访问的流量入口，需要对流量的入口定义进行了解。以“淘宝店铺搜索”和“淘宝搜索”为对比，通过“淘宝店铺搜索”使消费者通过搜索店铺名进入店铺，这些消费者倾向于对这家店的认可或者对该店所卖品牌的认可。“淘宝搜索”通常来说是消费者通过商品的属性关键词进入店铺，那么消费者青睐的对象应该是商品本身，和店铺没有很大关系。因此，两种主动式访问寻找的商品可能是一样的，但是消费的目的性是不同的。前者主要倾向于店铺和品牌，后者更倾向于商品本身对自己的符合度。因此，通过展现特征进行细化的分析对比后，就能够了解到从这些入口进来的消费者的特征，这样就可以做到“对症下药”，从而更好地利用流量。

主动式访问的特征是需要展现消费者关注的信息，比如，以“淘宝搜索”为流量入口进入店铺的消费者，他们侧重的是所需要购买的商品，那么制作的图片就需要对商品的优点、特色、质感、品质这些重要因素通过图片传达给消费者。通过“淘宝店铺搜索”进入店铺的消费者，他们更加倾向于对店铺或者对于该品牌的认可，那么在商品图片上标记有店铺和品牌特征的一些视觉元素，将店铺的风格以及品牌气质进行展现，这样才更加符合这类消费者的喜好。

通过对流量入口的特征进行分析，判断是否属于主动式访问，再根据流量入口的具体特点，明确图片的设计风格和应用需求，就会使引流的图片更加打动消费者。

5. 被动式访问特征

被动式访问因为在消费初期有比较大的盲目性，消费者不知道自己对某种商品是否有明确的需求，所以就需要通过图片展示给消费者一种明确的消费暗示。聚划算的火热是因为非常大力度的折扣促销，通过价格这个最直接、最具诱惑性的手段，刺激消费者对商品的购买欲望。“明星开店”是通过明星的光环效应，对于大部分消费者来说，明星是时尚、前沿、潮流趋势的代名词，因此通过明星对商品的宣传和展示，吸引喜欢时尚和崇尚潮流的消费者进行商品的购买。所以很多商品一旦有明星穿戴过，通过明星穿戴的图片展示，很容易带动这类商品的销量。

也就是说，被动式访问的特征是有一个足够吸引人的噱头，围绕这个足够吸引人的卖点来诱惑消费者产生购物欲望，从盲目性到产生兴趣，从产生兴趣到下单购买。这也是爱德玛法则对于产品策划上的一种体现，如图 4-5 所示。

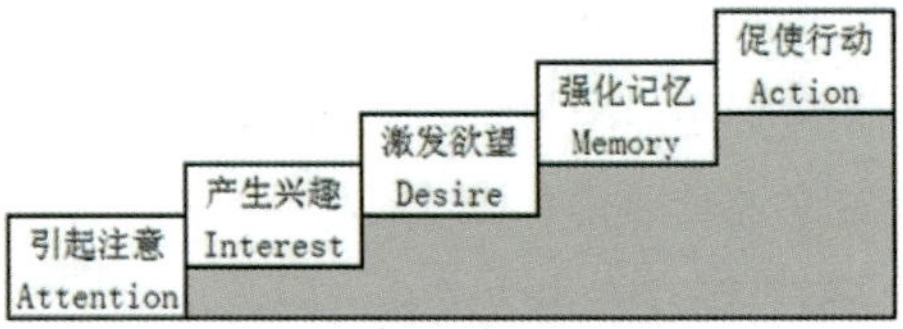

图 4-5 爱德玛法则

被动式访问的图片核心卖点的展示也需要对流量的入口进行汇总分析，通过促销活动的流量入口，因为大部分活动图片需要白底且没有水印，那么对于这张活动的图片只能通过商品单独打动消费者，也就是说，通过商品的质感体现，传达给消费者物美价廉的感觉，用图片来展现商品的品质卓越，同时这款商品又赋予了一个足够吸引人的促销力度，从而形成“赚到了”的心理反差，这样才能通过图片告诉买家，这个商品值得购买。

4.2 商品主图

无论买家是通过关键词搜索还是通过类目搜索，展现在消费者眼前的第一张图片就是商品主图，因此，商品主图的优劣是影响买家关注以及影响买家点击的重要因素。也就是说，通过一张诱人的主图可以节省一大笔推广费用，这也正是有些店铺在没有做任何付费推广的情况下，依然可以吸引很多流量的主要原因。

我们通过换位思考来观察一个有趣的现象：假设自己是一个消费者，想要购买一款 T 恤，那么在搜索栏中输入“T 恤”关键词，如图 4-6 所示，在生成的搜索页面中开始浏览自己满意的 T 恤款式，如果发现了自己心仪的商品，这时才会去关注商品价格、购买人数、商品标题等附属的信息要素。通过这种搜索特征可以发现，在关键词输入正确的情况下，决定是否点击产品的第一核心要素是商品主图，因为主图承载了产品款式、风格、颜色等多个特征，这些特征比用文字描述更加直接地影响消费者对于产品的喜好程度。

图 4-6 关键词“T 恤”

从上述例子可以看到，商品主图是最重要的信息承载和传达媒介，因此，对于主图中需要的一些信息要素就值得关注和研究。

4.2.1 主图的规范

目前很多卖家通常都会在主图上放很大的字体作为促销信息，以至于遮盖住商品主体。这种做法在提升点击率上固然有效，但是会严重影响淘宝搜索页面的美观度，同时也很难将商品的视觉价值提升，严重影响了买家的消费体验。所以大部分类目对商品的主图有比较明确的设计要求，尤其是天猫，根据不同类目的情况，对商品的主图有不同的要求和规范。

也就是说，如果不按照设计规范去制作主图，那么就容易引起商品的搜索降权，所以在制作主图时，首先，应该了解该类目的主图制作设计规范，通过对规则的良好解读，才能避免主图的违规。其次，对于一些线下品牌或者有一定影响力的线上品牌，都有自身的 VI 体系，所以很多主图在设计上会根据店铺和品牌的情况在商品的某一个固定区域添加自身的品牌识别元素。如图 4-7 所示的搜索关键词“保暖内衣”，在其主图左上角都有品牌标志。

图 4-7 搜索关键词“保暖内衣”

4.2.2 主图的素材选择

在主图的素材选择中，图片的清晰度是一张主图的首要条件，模糊的图片不仅影响消费者的视觉体验，还会严重影响商品的价值体现。所以，在选择商品的主图时，首先要考虑图片的清晰问题。如图 4-8 所示，主图中很好地展现了这款打底衫的修身特性，而如图 4-9 所示的主图，打底衫的褶皱、图片背景中杂乱的文字和水印，很容易让消费者对这款商品失去信心。商品在消费者心目中的第一印象对消费者来说非常重要，缺乏安全感的商品容易让消费者失去购买信心。

图 4-8 图片清晰的主图

图 4-9 杂乱不清晰的主图

其次，需要选取一张曝光正确的商品图片，光线的色温以及明暗会造成商品的色差问题，如果采用了一张曝光有问题的图片，就容易引起售后纠纷。因此，在图片的选择上，对于图片的正确曝光也需要考虑和筛选。如图 4-10 所示，采用逆光拍摄的角度，正面光线不足，无法辨别衣服实际的颜色，这样容易让消费者对颜色产生理解误差。如图 4-11 所示的主图则采用了正确的曝光模式，这样可以很清晰地看出衣服的实际颜色。

再者，由于主图支持放大功能，为了让消费者可以更加清晰地查看商品主图的细节情况，商品主图尽量选用 800 像素 ×800 像素以上的图片，在保证清晰度的同时需要考虑图片的大小，因为单张图片大小不能超过 500KB。很大部分消费者习惯先用放大功能查看商品情况，然后开始浏览详情页的部分，所以选用的图片务必达到要求的像素大小。如图 4-12 所示，商品图片达到要求的像素后，就可以运用放大功能，细看商品主图的各个部分。

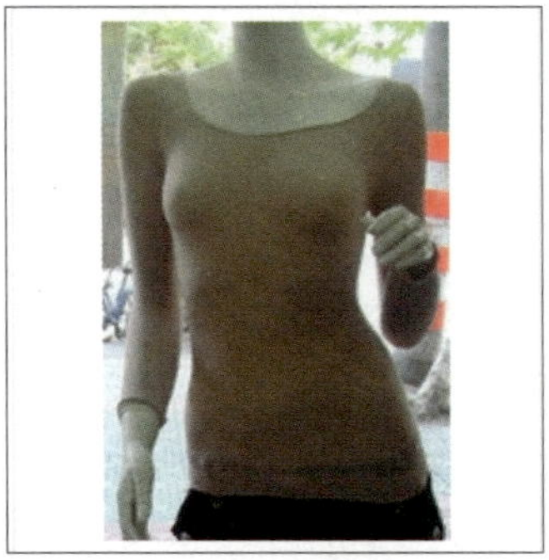

图 4-10 曝光不正确的主图

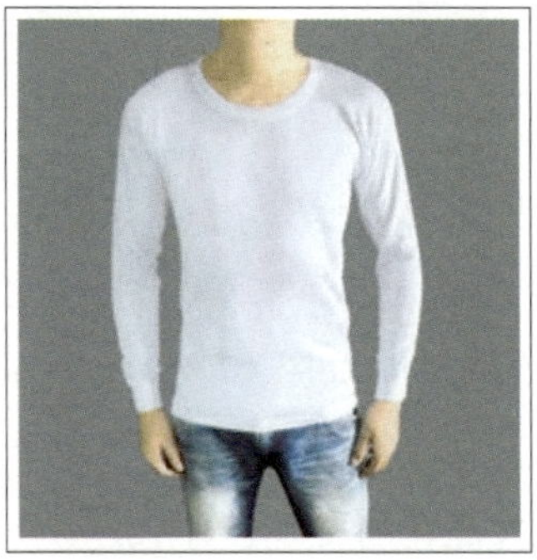

图 4-11 曝光正确的主图

图 4-12 商品主图

对于商品主图来说，合理的商品展现角度不仅能够增强商品的立体感，同时可以让买家更加清晰地看到商品的全貌，并且一个好的商品角度可以让商品更加灵动。

在确保商品的角度合理的情况下，还需要注意商品的完整性。对于静物来说，商品尽量展现出三个侧面，这样可以让买家通过一张图获取商品的更多信息。对于服装类商品来说，让服饰进行整体性展示会比较重要。

4.2.3 主图的构图

不同的构图方法会有不同的视觉关注点，同时也能够营造出不同的商品氛围，在构图上常用的有六种构图方法：直线式构图、三角形构图、对角线构图、渐次式构图、辐射式构图、框架式构图。

1. 直线式构图

商品形状具有一定的规则性，通过直线式排列可以整齐美观地展现出商品，这样的构图方式可以将商品不同的颜色和规格通过并列对比展示给消费者。直线式构图可以增加商品的选择性，通过多色以及多规格展示，可以提高商品的竞争力，如图 4-13 所示。

（a）（b）（c）（d）（e）

图 4-13 直线式构图

2. 三角形构图

三角形构图细分可以分为正三角形构图、倒三角形构图以及斜三角形构图等多种构图法。总体来说，三角形构图具有安定、均衡但不失灵活的特点。适合三角形构图法的商品是有一定规则的几何体，这样形成的三角阵列会显得醒目。正三角能给人以稳定的感觉，从而显得商品有气势，如图 4-14 中（a）图所示，比较易碎的碗通过正三角形的构图可以让商品显得更加牢固。倒三角形有不稳定感，所以显得商品生动，如图 4-14 中（b）图所示的指甲油，通过倒三角构图，将单调的商品变成一个可爱的心形倒三角形式，这样不仅表达出商品的丰富样式，也比较符合消费群体的爱好特征。最常用的是斜三角形构图，可以灵活多变地将商品呈现出来。如图 4-14 中（c）图所示的苹果的斜三角搭配，体现出苹果的个头大，同时通过半个苹果的切面，能够让消费者感知到苹果的新鲜感。

（a）　　（b）　　（c）

图 4-14 三角形构图

3. 对角线构图

对角线构图是将商品安排在对角线上，这样可以突出商品的立体感、延伸感和动感。对角线构图形成的纵深，能够带给消费者更多的视觉冲击力。如图 4-15 中所示的碗，如果采用直线式构图或者三角形构图法，都不能很好地体现出碗内的颜色差别，对角线的优势就是能够体现出商品的立体感，所以运用延伸的对角线构图方式，能够很好地和商品本身的特点相匹配。

图 4-15 对角线构图

4. 渐次式构图

将多个商品渐次式排列，能够增强商品的空间感。将商品由大及小，由主到次地摆放，增加商品的纵深感，并且运用透视景深效果，能够体现出商品的多样性与丰富性。如图 4-16 所示，这种构图方式把主体部分的商品很清晰地展现出来，同时增强了空间感。

图 4-16 渐次式构图

5. 辐射式构图

辐射式构图视觉冲击力强，向外扩张的线条和动态都很明显，可以增加画面的张力，并且能够凸显发散的重心。这种构图方式适合线条类细长的商品，虽然商品呈放射性发散，但是这样的构图方式可以紧收主题，能够很容易地通过线条引导到发散的中心。如图 4-17 所示为辐射式的构图方式，右上角如果放置了商品的 Logo，可以达到很好的品牌宣传的效果。

图 4-17 辐射式构图

6. 框架式构图

框架式构图方式通常在服装类目中广泛应用，单个模特很难完整地展现出商品的多色性，而对于服装的颜色，消费者有很明显的个人爱好倾向，所以尽量多地展示出服装的颜色，比较好的方式就是运用框架式构图。框架的主体展示的是受众面最大的颜色款式，或者比较醒目地吸引人的颜色款式，然后在框架其他区域更多地展示出商品的多样性，如图 4-18 所示。

图 4-18 框架式构图

4.2.4 主图的信息分层

主图在信息的展示上也需要进行一定的信息分层。天猫商城中大部分类目采用白底无水印的图片展示，但是也有一些类目允许在主图上添加一些促销信息。以天猫的电器类目为例，第一张主图允许自主设计，所以在页面设计中需要对商品信息进行逐级分层，将重要的信息优先着重展示。

如图 4-19 所示，豆浆机作为主体是第一信息要素，需要着重展示。促销信息作为第二信息传达的层级，意在提高商品的价格竞争力，第三层的信息是品牌的展现，不仅增加了商品的品质感和信任感，同时也是一种品牌宣传手段。

图 4-19 豆浆机的主图

4.2.5 主图的质感

对于大多数消费者来说，陶瓷类的消费品都看重陶瓷的质感，那种晶莹剔透的光泽度，陶瓷上鲜艳的着色都能够深深地吸引消费者的眼球。如图 4-20 所示的陶瓷图片，在拍照过程中并没有调整好光线以及设置好相机的参数，所以照片偏暗，并且有严重的灰度，后期没有进行处理就将原图上架销售，这样的图片是不能打动消费者的。哪怕商品本身非常精致，但是消费者在购物前期只能通过图片来判断产品的好坏，所以这样的图片给消费者不好的视觉感受，对产品的品质会存在很大的疑虑。这样的主图很难吸引消费者的点击，哪怕点击图片进入店铺，因为图片不能很好地传达出产品的真实感，因此，也很难让消费者满意。如图 4-21 所示的图片将陶瓷的色泽比较真实地还原，比前者更加容易吸引消费者的关注，所以商品的成交概率会比前者高一些。但是白色的产品在白色的背景下，显得有点苍白，不能将商品的光泽度很好地体现出来，同时背景色和商品主色雷同，这样无法衬托商品的主体部分。如图 4-22 所示的图片，不仅把商品的色彩很好地还原，通过黑色背景的衬托，同时运用倒影的手法，将陶瓷的光泽表达出来的同时，把商品的主体非常显眼地展现给消费者。

图 4-20 商品的衬托展示 1

图 4-21 商品的衬托展示 2

图 4-22 商品的衬托展示 3

同样的商品，不同的图片带给消费者不同的视觉感受，因此，在实际销售结果上也会有差异。通过对商品的衬托展示，将商品的特点通过视觉很好地传达给消费者，这样才能体现出商品的价值。所以同样的商品，第三件单价高于前面两件，但是通过视觉塑造出应有的价值，所以在销售上也会优于前面两者。

主图的质感体现，在无形中能够影响到消费者对商品的心理感受，从而会对商品产生不同的关注点。比如，一味地强调便宜，消费者会偏向价格敏感；更加突出品质，消费者会注重质量情况；强调商品的时尚元素，那么消费者会注重是否符合当今潮流。也就是说，通过商品的视觉暗示和引导，给予消费者的消费心理会有影响。通过这样的视觉传达手法，可以替代仅从价格博取消费者欢心的做法。

4.2.6 主图的场景化

对于很多商品来说，单纯地展示商品会显得单调乏味。比如，只展示一件衣服的平铺情况，很难让消费者感受到穿在身上的样子，所以网络平面模特悄然流行。通过模特的穿戴，可以让消费者了解到衣服是否好看，消费者会将自己和模特产生映射关系，联想到如果自己穿着是否会有同样的效果，然后消费者会根据模特和自身在形体上的差异进行对比，形成一些细节关注点，并且回忆自己平时穿衣服时出现过的状况，从而对这款衣服总结出几个比较关注的疑问事项。这些疑问在页面上并没有表达清楚，那么消费者会开始咨询在线客服。这就是大多数消费者在购买服装前的心理变化。

很多商品单独出现在页面里是很难打动消费者的，尤其是高价的家居消费品。拿沙发来说，目前的装修适合怎样款式的沙发，这个经常会困扰很多新装修的用户。如果看到一款自己满意的沙发，但是顾虑到单个沙发很好看，放置在客厅中却和装修风格格格不入，这样摆置的沙发会显得很突兀，因此对于网购沙发的消费者来说，更希望看到的是沙发能够放置在场景里面，而场景和自己家庭的匹配度就很有可能决定了消费者是否会对这款沙发满意。

从图 4-23 和图 4-24 的对比可以了解到单纯地展示沙发需要消费者自己去凭主观感知是否合适，这样容易让性格存在疑虑的这类消费者更加困惑。将沙发放置在一个具体的客厅里，这样能够方便消费者对商品进行选择和取舍，能够降低消费者存在的疑虑。尤其对于大件的高价商品，因为运费高昂、修理不便等诸多困难，消费者在购买此类商品时会显得尤为谨慎，所以通过场景的暗示，就能够消除消费者在某些方面的疑虑，提升了商品的转化率。

图 4-23 家居消费品图 1

图 4-24 家居消费品图 2

4.2.7 主图的品牌宣传

商品在线上销售越来越多，店铺里面有限的 SKU 很快淹没在商品的海洋里面，单纯地销售商品，获取客户的难度已经越来越高。很多商家从单纯的线上卖货开始转变为品牌的推广和打造。因为只有通过树立品牌，才能让客户对自己的产品加深印象，如果只通过销售商品，而不加以记忆强化，那么就很容易流失掉原来的客户。

商品种类的增加、营销成本的增加以及运营成本的增加，导致单纯的品牌推广变得更加困难，很多电商企业无法拥有足够的资金和线下传统的大型企业进行品牌推广的竞赛，因此，通过主图展示品牌，将商品和品牌进行捆绑在各种线上推广渠道中展示，这无疑节省了一大笔广告开支。很多电商企业将 Logo 统一在主图的某一个相对固定位置进行标识，这样在展示商品的同时也展示了品牌，这种方法不仅容易唤醒老客户的消费记忆，也可以不断吸引新客户的关注和消费。而且类似风格的商品，通过 Logo 也易于识别，提升商品的竞争力，如图 4-25 所示。

图 4-25 将 Logo 放在主图的某一个相对固定的位置

4.3 直通车推广图片设计

直通车的展示位置有很多，按照展示位置的不同，就会有不同的比例以及展示特点，这就需要设计师准确地了解直通车图片在不同地方展现的尺寸，并且能够熟悉这些地方的特点。在了解这些特点后才能有目的性地做尝试和设计对比。

4.3.1 单品推广设计

1. 竞品分析

在制作直通车单品图片之前，先要对商品的核心关键词进行竞品分析。通过关键词搜索或者通过类目搜索，找到自己需要展现的直通车区域，然后对该区域附近的商品图片进行观察和分析，并且要做好归纳和统计。如果图片雷同化严重，则很难引起消费者的注意，造成点击率低下，所以在设计之前，先要了解竞争对手的图片，分析出优劣情况，再运用差异化设计，才能做出一张好的设计图。

设计的图片要能引起消费者的关注和点击，首先取决于同行的图片制作情况，如果图片的展现角度，图片传达的内容和周边竞争对手的商品有很多的雷同，那么就很难具有竞争优势。所以一要观察直通车位上同行的图片构图、用色、文案以及能够吸引点击的素材元素。在视觉上和同行进行差异化展示，就要尽量避免重复的内容运用。通过各种细节的差异化设计，才能提升引流图片的竞争优势，通过图片的优势来提升点击率，也能够节约很多的推广费用。以如图 4-26 所示的水杯为例，在设计推广图片之前先观察“水杯”这个关键词的同行的展现商品以及图片的表现手法。

图 4-26 几款水杯的直通车展示图

对于很多商品来说，因为商品本身属性的不同会造成很多特征的不同；而消费者对于不同的商品特征也会有不同的关注点。通过长期的客户咨询问题观察分析和积累，能够了解到不同的商品关注侧重的因素是不同的。根据这些因素的侧重比例，设计师就可以知道不同的商品图片需要展现哪些商品的特征来打消消费者对于该商品的疑虑，这样就可以在商品主体素材选择上比竞争对手更具有说服力。

以丝袜为例，大部分穿着丝袜的女性都对丝袜的勾丝问题特别关注，那么防勾丝的丝袜就是因为这个问题而面市的，单纯的模特展示不足以清晰地传达给消费者丝袜具备这个功能，因此有创意的买家就设计了有一只猫跳起来勾住袜子的图片，如图 4-27 所示，这个设计创意就能够清晰地展示，这款丝袜具备防勾丝的功能。这种差异化创意的图片设计会比单纯的文字描述更具有视觉冲击力。

图 4-27 防勾丝丝袜的创意展示图

2. 类目和搜索的单品图片设计

直通车单品推广图片设计和主图设计有很多的相似之处，因此关于设计中的很多细节不再详细地阐述。因为直通车展示位的图片尺寸要比主图的尺寸小，所以在更小的篇幅里要达到醒目效果，就需要尽量地突出核心卖点。由此可知，在设计直通车图片时，应该注意信息层级的对比，着重展示重要的信息，而不是把尽量多的信息元素塞进图片里面。

在一个展现尺寸十分有限的图片里面，素材的展现内容也是有限的，因此通过信息分层的对比验证来进行筛选是一个很好的办法。在选取提高点击率的素材元素时，尽可能的选取一到两个核心卖点展示，这样可以比较容易地做到突出醒目的效果。在差异化设计中，以下的几个常用方式可以借鉴。

价格差异化设计。如果商品具备明显的价格优势，那么通过低价促销的放大，就可以达到提高点击率、提升销量的目的。这是一种最常规也最有效的方式，但也很容易引起同行间的价格战，导致行业内的利润损失殆尽。在没有足够的资源和竞争优势的情况下，不建议长期频繁地使用这个方法，这样会让全店的商品利润持续下降，最后只能变成有销量但无利可图的局面。如图 4-28 所示，400ML 的化妆品只卖 279 元，通过促销价的展示，用低价就能够吸引消费者的眼球，同比 200ML 的同类商品售价 210 元，低价有效提升了销量，但是同样也牺牲了很多利润。

图 4-28 价格差异化商品展示

折扣差异化也是价格促销的一种方式，相对于直接低价销售来说，通过折扣可以起到一定的迷惑作用，这样能够降低消费者的价格敏感度。例如，“市场价 18 元，现价 9 元”，在数字上只相差 9 元，优惠力度貌似不大。而通过折扣传达，“原价 18 元，现 5 折销售”，同样的优惠力度，不同的表现方式会有不同的消费心理差异，在这种表现形式下，5 折销售感觉上力度更大。对于高价的商品来说，“原价 4800 元，现价 4560 元，省 240 元”和“原价 4800，现价 4560 元，9.5 折销售”，这样的心理差异，前者在数字感知上优惠力度要大于后者。但是值得注意的是，“原价 4800 元，现价 2400 元，省 2400 元”这种促销广告的形式很少出现，这是因为“省 2400 元”，这个节省的价格在数字上容易让消费者觉得过于夸大，从而产生不信任感，认为是商品有问题才进行促销或者是商品虚假促销，反而起到了负面作用，因此通常来说高价商品的促销通常只显示折扣价。从上述的差异化设计中可以了解到，灵活地运用价格和折扣的设计方式，同样的优惠力度，却可以起到不同的促销效果。如图 4-29 和图 4-30 所示的两张图片是折扣运用的方式。

销量差异化设计是线上销售的一大特色，热卖的商品往往容易形成更加热卖的状况。如果某个推广宝贝原本就已经是非常热销的商品，那么直接通过销量的暗示，用图片告知消费者商品的超高销售人气，让消费者能够感受到疯抢的诱惑力，这样不仅能够提升商品的点击率，也可以提高商品的转化率。大部分消费者对于普通商品抱有普通的消费观念，但是对于奇货可居的商品则会提升商品的占有欲，利用这种消费者占有欲才是促销设计的根本。如图 4-31 所示，突出展示的销量能够引起消费者的关注和点击。

图 4-29 折扣差异商品展示 1

图 4-30 折扣差异化商品展示 2

图 4-31 销量差异化商品展示

品质差异化是一个可以提升商品价值的方式。消费者在对于某些商品的品质或者款式等商品核心属性的关注度上会高于商品的价格关注度。以食品为例，消费者对于食品口感的关注度会高于价格关注度，毕竟谁也不喜欢购买到难以下咽的食物，因此对于食品行业的图片来说，通过图片来营造色香味俱全的感觉会比低价促销更加靠谱。同样对于一些安全保障的工具来说，消费者对于商品质量的关注度更加敏感。比如购买一款安全绳，消费者首先关注的是绳子的牢固性和耐磨性，那么对于这类品质依赖性更强的商品，图片设计中应该展现出商品可靠、可信赖的视觉素材。如图 4-32 所示展现的山核桃颗粒饱满，色泽也诱人，比颜色暗淡的食品图片更能够激发消费者的购买欲望。

差异化的运用还有很多方式，尤其是创意性的设计，不仅能够抓住消费者的眼球，还能够提升商品的识别度。因此对于单品推广的图片设计中，建议设计师应该深入地了解商品的属性，只有对商品有足够的了解，才能设计制作出一张优秀的推广图片。

图 4-32 品质差异化商品展示

4.3.2 店铺推广设计

店铺推广是为了弥补单品推广所不具备的优势而增加的一种直通车推广方式，单品推广是将流量引导到单品上，这样可以提升单品的销量，但是单个关键词只能推广店内的两款商品，这样就有很大的局限性。比如一个服装店铺有 30 款风衣，直通车单品推广“风衣”这个关键词只能让两件商品占用，而其他商品就难以在直通车上获取精准的流量，这样就容易引起热卖商品卖断货，没有推广的商品积压仓库的局面。为了解决上述难题，店铺推广应运而生。店铺推广的特色就是通过推广某一个导航页面、宝贝集合页以及自定义页面的方式来推广更多的宝贝。

通过对店铺推广的了解，就可以清楚地解析店铺推广存在的目的和设计方式。还是以“风衣”为例，通过搜索“风衣”进入店铺的消费者都是对这个商品有明确购物倾向的，区别在于对商品的款式、价格、材质等属性爱好不同。也就是说，要通过店铺推广来展现店铺内部某一个品类或者整个店铺的商品，那么店铺推广的图片就应该综合推广页面里的商品特征来考虑如何进行设计。如图 4-33 所示。

店铺推广的特点是将流量引入目标页面，然后通过页面内展示的商品再分流到达各个商品详情页面里。由此可知，设计店铺推广图应该是店铺内部分商品的活动或者全店的活动，所以在店铺推广中首先选取店内最具有人气的某款商品来提升图片的点击率。通常情况下，最具有人气的商品拥有相对大众化的潜质，这样可以促使更多的目标客户进入店铺，同时要在图片中暗示消费者还有更多的商品以及优惠措施。店铺推广设计中需要注意的是，为了提高流量的精准性，建议推广的图片需要根据推广的关键词和推广的页面来结合设计。如图 4-34 所示为部分商品的推广方式，流量引入到单个品类，提升某种商品的转化率。如图 4-35 所示为全店活动的推广方式，通过全店活动来提升商品的连带率。

图 4-33 店铺推广图片

图 4-34 部分商品推广方式

图 4-35 全店活动推广方式

4.3.3 明星店铺设计

明星店铺是通过搜索含有品牌词的关键词进入店铺的，因此通过明星店铺进入的消费者对该品牌有一定的认可度。由于明星店铺的展示空间很小，传达给消费者的信息元素就需要更加集中。明星店铺的图片设计可以根据店铺不同的阶段有所调整和变化。

如图 4-36 所示，明星店铺主要以展示品牌形象为主，通过全篇幅的品牌传播，让消费者加深印象。

图 4-36 明星店铺

在店铺出新品期间，将新品在明星店铺中展示，让认可该品牌的消费者了解到还有此类别的商品在销售，这样可以提升新品的销量。因为大部分通过明星店铺进入店铺的消费者都是该店铺和该品牌的忠实消费者，而忠实消费者也是店铺新商品的主要客户群体。

店铺活动在明星店铺中的展示也可以起到很好的促销目的，以双十一大促为例，如图 4-37 所示，线上很多知名的店铺都在店铺推广中加入了双十一的促销信息，这样可以提升店铺的促销气氛，同时也能够很好的消化流量。

图 4-37 店铺活动在明星店铺中的展示

4.3.4 活动推广设计

直通车的活动推广设计相对而言比较简单，直通车活动中的图片制作，首先需要达到直通车规范说明中的要求，其次，由于图片要求白底并且不能有任何文字信息，所以在图片中，商品的展示角度、颜色以及展现形式就显得非常重要。如图 4-38 所示为活动推广图片的设计要求。

选择参加活动的宝贝

报名宝贝不能是：假货、仿版、违禁品

a、商品评分4.65及分以上，无不良评价；

b、商品活动价为现售价的5折及以下，且必须等于或底于为近一个月最底价格（以前台价格记录为判断依据）；服饰类要求商品为秋冬新款，销售记录10件以上

c、无底色、无边框、无水印、无细节图，主题居中，商品主图片必须符合：无边框白底无倒影无水印，高质量正面图片；保证单品图片展示的完整性；图片不能使用明星头像；主题明确，陪衬物品不能掩盖宝贝主题；

图 4-38 活动推广图片的设计要求

4.3.5 直通车图片的优劣分析运用

直通车的图片可以通过设置两个推广方案来观察图片的点击率。只要通过设置相同的标题，然后进行点击率的对比测试，就能够知道两张图片的点击率优劣状态。

首先按照卖点的分析以及同行图片的对比研究，让视觉设计师开始制作不同的图片方案。以一款女性的美体内衣为例，因为产品设计上和市面上的大部分美体内衣没有很大的区别，其中一个优点在于有多个颜色可以供消费者选择，所以主要通过颜色的多选性来提升产品优势。因此设计师提供出以下三个图片的设计方案，如图 4-39 所示。

图 4-39 设计方案

图 4-39 中的三张图（a、b、c），首先选取（a）和（b）设置在直通车的推广计划中，然后采用同样的推广标题，这样才具有相同条件下的可比性。

在设置完图片以后，开始调整关键词出价，如图 4-40 所示，第二天就可以收集点击反馈数据，如果以每三天为一个周期进行点击率的数据平均对比。假设统计 3 天的点击率，每天（a）图片的点击率分别为 0.68%、0.59%、0.71%，（b）图片点击率分别问 0.55%、0.61%、0.45%，那么（a）图片的平均点击率为 0.66%，（b）图片平均点击率约为 0.537%，那么（a）和（b）两种图片对比，运用（a）图片，相对于（b）图片点击效果更好。以同样条件的原理再与（c）图片进行数据对比，观察数据情况。这样就可以找到点击率更具有优势的图片。如果这张图片同样符合商品主图的设计规范，那么也可以用在商品的主图上。

运用这样的方法，通过消费者自主选择图片的好坏，这样的图片优化思路会更加客观。对于图片设计，还有很多经典的案例值得学习和推敲，在视觉设计上，是一条没有止境的学习和思考之路。

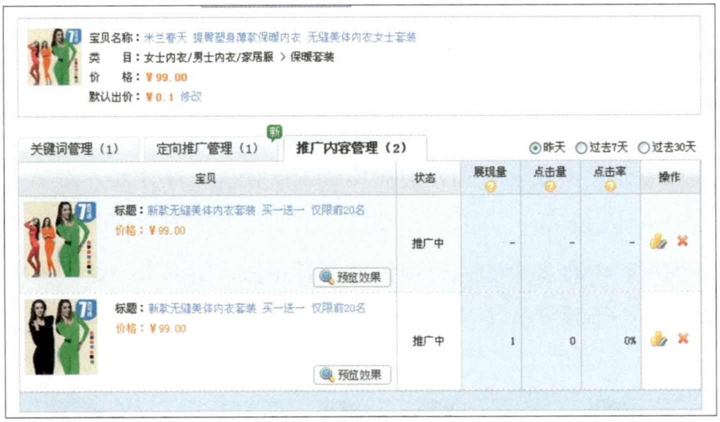

图 4-40 关键词出价

4.4 钻展广告设计

4.4.1 钻展广告设计的标准

当消费者被各种广告和促销信息包围时，你的广告将如何脱颖而出，争夺到更多的点击？

如图 4-41 所示，你会点击哪个广告？

图 4-41 首页焦点图点击率对比

这两个广告都是发布在淘宝首页焦点图第 2 帧。这个位置是淘宝曝光率最高的广告位。首页焦点图平均点击 15 万次。

这两张广告的画面、色彩、构图都很不错。但是两者的效果相差甚远。通过数据我们了解到这两个广告的点击率相差 10 倍，如图 4-42 所示。

图 4-42 首页焦点图点击次数对比

由此可见，设计的好坏决定了点击率的多少，直接影响广告盈亏。

硬广告、钻石展位对设计的要求比较高，因为是按时段或者按展现人次收费的，所以设计决定了广告的成败。

有人会说，前面的案例中，两个广告是不同品类的，而不同品类的点击率会受品类影响。

但是我们来看下面这张图，这是同一个品牌的广告，如图 4-43 所示，第一张是淘宝首页焦点图，成本在 14 万元以上，第二张广告位置是首页第一屏，成本是 4.5 万元左右。我们可以看到两者的点击量几乎没有差异。第一个广告虽然用了迪斯尼等元素，两个广告中的促销力度也是一样的，都是买一箱送 5 盒，但是很明显下面一个的效果更好。

图 4-43 首页焦点图点击成本对比

为什么同样一个位置，每个广告的点击率会相差数十倍呢？

为什么同一个品牌的点击效果也不尽相同呢？

因为促销广告的设计有着非常强的规律性，那些点击率高的正是严格遵从了这些规律。

通过对优秀案例的分析，我们可以找到其中的内在规律和共性，这是设计师的基本功，如图 4-44 所示的这些广告，虽然行业不同，产品不同，促销内容不同，但这些广告确实有着相似之处，有哪些共同之处呢？

图 4-44 尽管看起来千差万别，但内在规律却很一致

通过反向解读，可以看到促销广告设计的共同标准如下。

（1）主题突出。

（2）目标明确。

（3）形式美观。

这三个标准是促销广告的基本标准，这个标准正是有效的视觉传达的标准。

4.4.2 主题突出

1. 第一主题

促销的过程就像一次陈述，我们必须有一个明确的主题，所有的元素都必须围绕这个主题展开。

促销的主题一般是价格、折扣和其他促销内容，所以这个信息应该是放在视觉焦点上的、被突出和放大的元素，如图 4-45 所示。

图 4-45 效果优秀的促销广告

我们可以注意一个细节，这个“疯狂抢”的标签做了旋转，它的箭头指向哪里？正是指向“5 折”，整个画面的全部因素都指向这个主题。

2. 信息传达的层次结构

陈述的过程是分层次展开的，和语言的逻辑一样，设计的逻辑也是按层次结构展开的，如图 4-46 所示。

图 4-46 设计的层次结构

信息传递的层次性可以根据要表达的内容来设定。第一层、第二层需要被阅读，属于逻辑思维记忆；第三层之后的信息是靠视觉思维记忆的，多数起到的是暗示作用。在这张广告图片中，人物头上的小花、背景里面的棕榈树剪影，这些因素不会被直接注意到，但也会被记忆。

3. 通过形式强化主题

形式不可大于内容，如图 4-47 所示。

图 4-47 形式不可大于内容

图 4-47 中，上面一张广告你会用多少时间来做？下面一张呢？哪一张的促销力度更大？为什么 7 折看起来比 5 折更便宜？下面这张广告，设计师为了炫耀金属字效果，把最主要的信息弱化了。请记住：“形式不可大于内容”。

4. 多主题的组合表现

如图 4-48 所示，如果把这两张广告做对比你会发现，上面一张的效果要逊于下面一张。在同一画面里只表现一个主题更有优势。

图 4-48 多主题的组合表现

4.4.3 目标明确

1. 目标人群的审美特征一

如图 4-49 所示，不同的目标人群审美标准不同，这两张画面的版式结构几乎一模一样。

但是一个针对白领，一个针对学生，所以在字体、颜色和细节上都有所不同。上面一张用到的字体是很正规的，色彩是仿金色，促销信息并不用非常大的面积来展现，这些都让这个画面更能打动它的目标用户——白领女性；而下面一张里的字体非常活泼，文案“宅和拒宅都要萌”，都会让它的目标用户——年轻女生更加喜欢。

图 4-49 目标人群的审美特征一

2. 目标人群的审美特征二

如图 4-50 所示，模特要与目标人群特征吻合，也要和产品特点吻合。

图 4-50 目标人群的审美特征二

心理学上的投射效应告诉我们，要让消费者把自己想象成画面上的模特，在模特的选择上要应用这个原理。

投射心理要求模特的选择要符合目标人群的心理期望年龄。例如，目标为十三四岁的人群，模特要选十五六岁的；符合四十岁人群的产品，模特要选三十岁的。

4.4.4 形式美观

1．色彩

色彩基调产生色彩情感，而色彩对比增加画面空间感，如图 4-51 所示。

图 4-51 形式美观——色彩

简单的控制色彩的方法是用色不超过 3 种，并按照 6:3:1 的比例配置。也就是说 3 种颜色的面积比为 6:3:1。比如主色调为红色，那么其面积应该占到 60%；辅助色的颜色要选择主色的色相环 15° 半径内的色彩，比如橙色或紫色，它的面积占到 30%；对比色的色彩选择色相环对角线上的色彩，即角度在 180° 左右的，它的面积在 10% 左右，这个对比色虽然面积很小，但缺失的话，画面就会缺乏层次。

2．字体

字体纷繁复杂，中文有数千个，英文有数十万个，怎样选择合适的字体呢？这里给大家提供一个诀窍，按读音来选字体。人们对文字的阅读，常常会在心里进行快速的默念，默念的时候会模拟角色发音，例如，如果读一段儿歌，默念的时候心里发音为童声，而在读一个江湖老大的话时会模拟成缓慢的男低音。根据这种心理现象，我们在设置字体的时候只要把它读出来就好了。如图 4-52 所示，比如第一张图里是男低音，所以字体是粗犷有力的黑体，而第二张图里是女中音，所以用有装饰感的、优美的罗马体，以此类推。

图 4-52 字体和语音的比喻

值得一提的是，设计师应建立常用字体库，不要每次都在数千个字体中选字体，要养成好的习惯，做好常用模板。

3. 标签

广告设计中我们经常要用到一些标签，比如价格标签、促销内容标签（满就送、打折等），这些标签的设计也要符合产品的特点，如图 4-53 所示，第一张图里的标签简洁明快，和产品简洁大方的风格相得益彰，而第二张图里的产品是复古款文胸，中间的标签起到了文化暗示的作用。

图 4-53 标签

4. 引导

明确的按钮和箭头都会对买家产生不可低估的心理暗示。为什么我们在网页上显示的按钮和家里电视遥控器上的一样，看起来有立体感，因为人机工程学告诉我们这些触觉暗示是在提示我们去按，如图 4-54 所示。

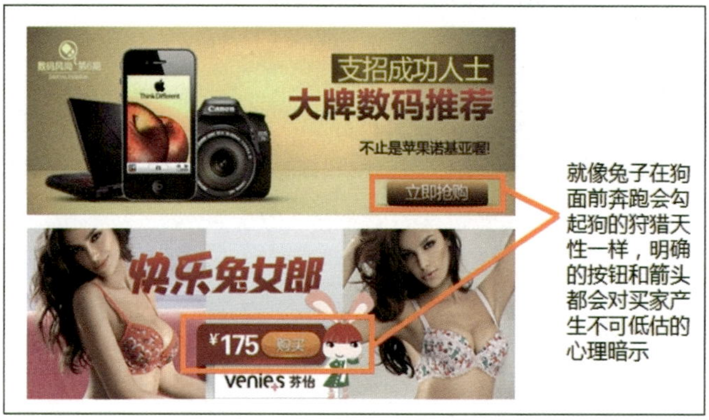

图 4-54 按钮和箭头的引导作用

5. 气氛

气氛的塑造依赖于细节，如图 4-55 至图 4-57 所示是塑造气氛的过程。

这是一张普通的广告，我们看到这个广告里面标题产品等元素已经配齐，但是会感觉这个设计并未做完，缺什么呢？缺少销售氛围的塑造。

图 4-55 纯色背景没有气氛

在背景上打一束光，再加上一个“升级”的标签，是不是效果明显改善了？这样就有了空间感，如图 4-56 所示。

图 4-56 增加了光影细节后画面显得饱满了

把背景换成金属肌理，铺上光感，加上“HOT”标签，如图 4-57 所示，这个画面是不是充满了诱惑力？是不是点击的欲望和购买的欲望都变强了？这就是销售氛围起到的作用。

图 4-57 增加了底纹和灯光效果，画面变得丰富生动

请记住设计大师米斯范多罗的名言：“上帝在细节之中”。

6. 对比和夸张

对比和夸张的应用往往能吸引消费者的注意，如图 4-58 所示，第一张图片把鞋进行了夸张的特写，与左面的任务形成大小的对比，视觉感受非常强烈；第二张图片则采用了虚实对比，让后排的男生虚化，这样让前面的女生更加醒目，也增加了空间感。

图 4-58 大小对比和虚实对比

7．取舍

取舍往往是一个艰难的过程。我们会因为贪婪和胆怯而希望一个广告大而全。其实这种方式是最无效的。如图 4-59 所示，上面一张广告的设计师在选择哪个模特上非常挣扎，最后两者都放了上去，这两个人物相同、仪态相似的模特在互相争夺眼球的同时分散了消费者的注意力，无法聚焦到折扣信息和产品信息上。这张图可以去掉左面的模特，把其中咖啡色的包放大，并把折扣信息“新款”和“7 折”放在视觉中心的醒目位置。

图 4-59 过多的干扰元素

图 4-59 左下角的图，设计师不肯舍弃“雪地靴四宗罪”这个“创意”，把核心的促销信息面积和位置都霸占了，“满 300 减 50”被放在了最下面的地方，广告效果也被减弱了。其实这个“创意”完全可以在产品描述页里面再做展开，消费者确实不会为了研究什么是“四宗罪”而进行点击。

图 4-59 右下角的图就更严重了，“好不容易拿到了广告位，又花了这么多钱，那我店里除了靴子还卖羽绒服呢，一起上吧”，这种心理直接导致了右面 1/4 的面积被浪费，同时消费者立刻判定这个卖家很小气，是个小卖家，货品未必是真的，这些连锁的心理反应都是由于不肯做“取舍”而造成的。

8. 修图

任何的创意过程都是先做加法再做减法的过程，能否“舍”决定了能否“得”。

修图的第一步是调整整体色温和重新取景以突出重点，如图 4-60 所示。

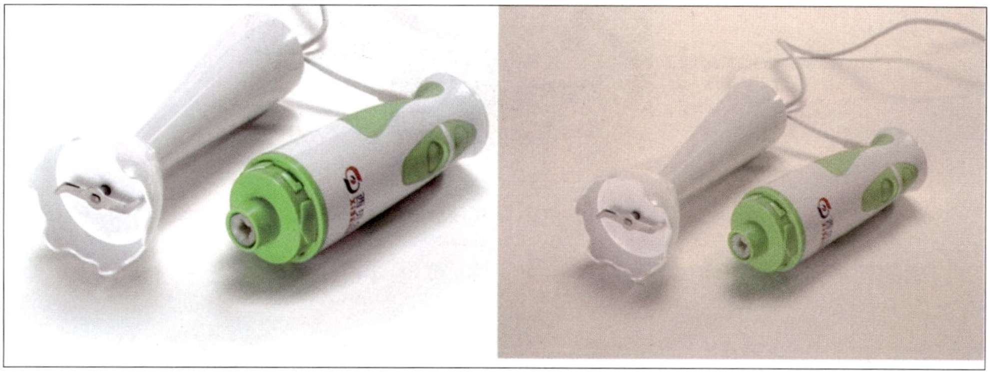

图 4-60 调色温以突出重点

光影是修片必须考虑的要素，图片合成过程中一定要注意光的方向和色温，如图 4-61 所示。

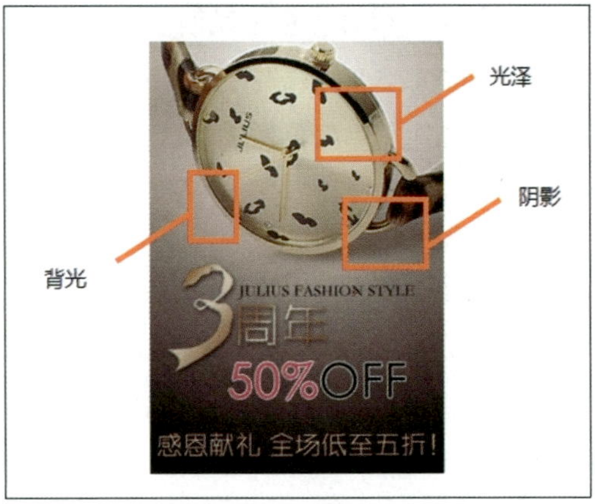

图 4-61 注意光影

图片合成过渡要自然，虚实要恰当，如图 4-62 所示。

图 4-62 羽化不恰当

正确的倒影可以增加物体的立体感和空间感，如图 4-63 所示。

图 4-63 倒影的设置

9. 构图

平衡——画面的平衡感取决于各元素的“视觉重量”。视觉心理学告诉我们，人在读取图片的时候会把横向边框看成水平线，竖向边框看成垂直线。画面的中心看成重量的重心，所以在构图上“画面重量”的把握是很关键的因素。如图 4-64 所示，在左面增加了两个人物后，画面不再向右倾倒了，取得了平衡。

图 4-64 取得左右平衡得增加砝码

关于平衡的心理机制请参阅里格尔的名著《秩序感》。

势能——是对平衡有意识的破坏，以增加注意力。如图 4-65 所示，上面一张图里鞋子被按照同一方向排列，你会感觉到这个脚正在向前走，这是制造了一种动态势能。而下面一张图里的包，被特意倾斜放置，会让其更加吸引人的注意。

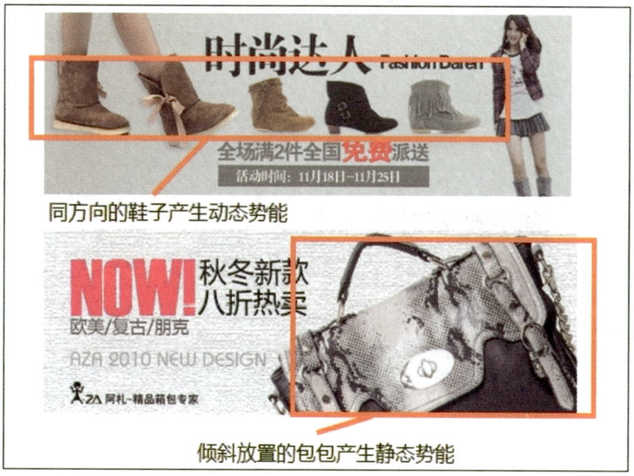

图 4-65 势能

集群——人们总是把位置靠得近的看成一体。如图 4-66 所示，相关的信息放在一起会被一次性阅读，而分散的信息会暗示读者，它们是不同内容的信息。

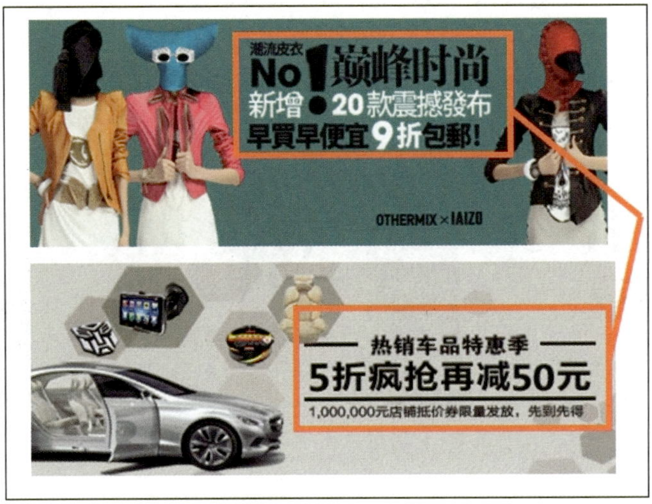

图 4-66 集群

间隙——空白空间是画面语言的标点符号，如图 4-67 所示。

图 4-67 间隙

图 4-67 中第一张广告看起来很大牌的原因是它敢于浪费，有很多空白空间。我们仔细看这张图的段间距、行间距、正文和标题的距离都很讲究。这些细节虽然我们平时不会去仔细研究，但这些信息会读到视觉思维里，我们也会对其做出判断。

4.4.5 设计实施步骤

设计师要记住，三分设计，七分沟通。充分的沟通、充足的素材，是做好设计的前提。设计是营销策略的外延，是其视觉表达形式。不理解策划的意图就做不出好的设计。所以要耐心地体验产品，读懂策划，不要接到任务就开始做，要想成熟了再开始。

建议所有网店设计师都要做 2 ～ 5 天的客服，这样对理解消费者以及产品都是非常有帮助的。

促销广告实施步骤分为三个阶段：策划、沟通和设计。如图 4-68 所示。

图 4-68 促销广告实施步骤

4.4.6 素材库管理

建立常用素材库，模块化管理素材，可以极大程度提高效率，以适应淘宝活动的快速反应要求。常用的素材库包括 PSD 分层图库、常用符号、形式语言库和图片素材库。

第5章

提升转化率设计

5.1 首页

对于一个好的店铺首页来说，优秀的视觉冲击力、清晰的信息分层和良好的交互体验是提升转化率的三大要诀，他们就像是三维坐标，缺一不可。富有视觉冲击力能吸引顾客的注意力，使顾客流连忘返；做好信息分层使得信息有条不紊，更容易被顾客理解；而交互体验能搭建起页面和用户间沟通的桥梁，使得顾客快速上手。

接下来围绕这三点基于首页各模块展开讲解。

5.1.1 店招

顾客通过店招的链接地址可以从内页直达首页，通过导航链接可以直达各推荐页面。因此通常的做法是将店招和导航结合在一起。页头只占据店铺150像素的高度，但却起到网店的门户作用，所以不容小觑。

1. 要点一：信息分层

对于一个店招来说，返回首页的链接按钮至关重要，按照通常的习惯，Logo也应该加上返回首页的链接，而且对于网店来说Logo代表着品牌本身，因此Logo、首页按钮应视为一个信息整体，并在整个页头层次中占据首当其冲的位置。

一些主题页面，如品牌故事、会员体系等都是围绕Logo（品牌）而展开的，从实际数据上来说他们的点击率也不高，因此它们在起到烘托品牌氛围的同时，不应干扰到返回首页的点击率。

继续围绕返回首页按钮的重要性去深入。在页头提供各产品分类势必会影响到返回首页的点击率。信息越多，聚焦点越分散，越没有重点，虽然用户可以通过单击分类链接，越过首页跳转至他更感兴趣的内容，带来了更好的用户体验，却会错失首页展示的更多促销信息的机会。因此，我们在设计店招的时候需要慎重考虑，权衡利弊后再做出选择，其余的，只要有可能会影响到Logo（首页）点击率的链接按钮都要深思熟虑。

接下来从三个案例展开讲解。

如图 5-1 所示的案例在这一点上考虑的就很到位。Logo（加上了返回首页的链接）占据最重要、最显眼的位置，而分类位置处于下排并用超小字号，所以在视觉上很不明显，几乎干扰不到 Logo，这一排分类仅服务于老顾客，为他们提供便利。对于占流量大多数的新顾客来说，面前的视觉焦点依然是单击 Logo 到达首页，下方提供了搜索功能，一是考虑到服务老顾客，二是避免了需要使用店内搜索的顾客通过页面右上的淘宝搜索框发生误操作而跳失；至于收藏按钮，更多要考虑的是结构上的美观，不然，平白无故的，顾客为什么要单击收藏按钮呢？

图 5-1 炫馨旗舰店页头

相较而言，如图 5-2 所示的案例更具有普遍借鉴性。按照习惯性做法左侧醒目 Logo，右侧收藏按钮，再加上品牌按钮，再无其他干扰，并且在右侧新增了首页按钮，左右都有返回首页的通道，这将返回首页的重要性确保到了极致。另外，设计师把品牌实力通过数字这一最直观的形式展示了出来。在交互体验方面，通过简单的 title 注释功能，鼠标覆盖 Logo 时弹出注释“返回真爱首页”，覆盖中间的“15000000 条毛毯”时弹出注释“点击走近真爱美家”，实现了极好的用户体验和流量引导。

图 5-2 真爱美家旗舰店页头

2. 要点二：Logo 的使用

在淘宝这个平台，大部分企业 / 网店的 Logo 都没有经过专门的网页显示优化。另一方面，虽然大部分 Logo/VI 由专业平面设计公司设计，会附有一套完整的标识使用规范，但在淘宝应用这个平台，他们无疑只是菜鸟，给出的最小应用尺寸和 Logo 组合方式也未必和淘宝应用搭边。下面是一些有关淘宝平台上对于 Logo 合理的使用规范。

一般而言，Logo 都应有白底 / 黑底应用形式，以及白色 / 黑色填充的版本。如果 Logo 是层叠或渐变，设计方应额外设计一个单色版本，以适应大量单色应用环境。换句话说，不管 Logo 是什么颜色，都可以对其单色版本进行黑白两色的应用。

Logo 组合应用时，要充分考量各部件间的识别度是否一致，排版是否合理、优美、易用。

关于网页显示优化，主要应对的是两个问题。已经投入使用的 Logo 只能将错就错，正在设计 Logo 的店家应该多加留心。

其一，一个 500 像素高的矩形缩小到 1/3（166.7 像素），高度不再是整数像素，在网页上显示时边缘就会发虚。

其二，一个 500 像素高的清晰 Logo，缩小到 20 像素高时，其结构、字体是否还具有很强的识别度也亟待考证。

如图 5-3 所示展示的是一个应用反例。中文 Logo 的识别度远小于英文，而偏偏英文 Logo 毫无号召力，大家记住的都是“依依不舍”这个品牌名。Slogan“新品快潮流”像个 UFO 一样莫名地放在右上方，更是令人费解。

图 5-3 依依不舍淘宝店页头

再来看一个美妙的 Logo 和美妙的组合应用，以及美妙的页头设计，如图 5-4 所示。彩色太阳花被圆形以不对称的形式遮罩，获得了奇妙的美感和圆滑的右侧轮廓，这让组合变得更加容易。Logo 图形和字体横向居中，Slogan 位居字体之下，采用了灰色和更小的字号予以弱化，但同时保持两边对齐。紧接着是大字号但灰色的店铺活动“任选 3 件免邮”，高度和 Logo 字体加 Slogan 一致。右侧的收藏铵钮与之相呼应，采用了完全对称的排版方式，大号的纯色红心勾了三层渐隐的描边，完美表现了心跳的律动。在分类和 Logo 间使用了重磅数的黑色线条，切割整个画面，从而降低页头分类对 Logo 造成的干扰。

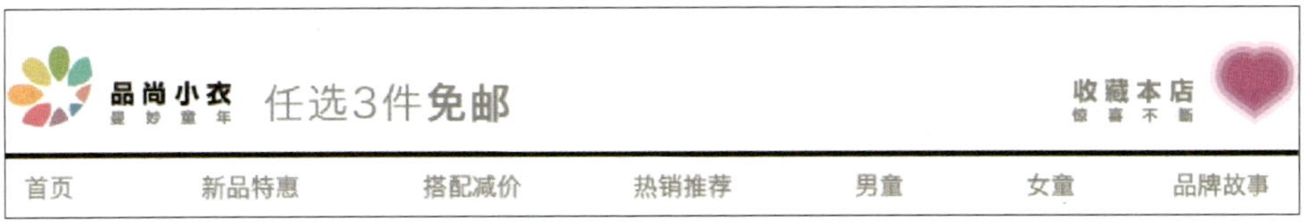

图 5-4 品尚小衣淘宝店页头

5.1.2 首焦

首焦是店铺首页的灵魂，担负了店内活动通知、新品更新等重要责任。

1. 要点一：尺寸高度

需要注意的是首焦的尺寸（高度）。顾客打开首页时，屏幕上显示的除了首页外，还有顾客浏览器本身具有的一定高度，如地址栏、菜单栏，也许还有收藏夹栏、各种加载项、插件栏，即使显示的是页面本身，也还要考虑到天猫、淘宝页头的高度。这样一来，留给首焦的空间就大大减少了。

如图 5-5 和图 5-6 所示展示了大部分设计师在做设计时习惯性忽略的问题。按照当下主流屏幕分辨率 1680 像素 ×900 像素来分析，浏览器自身高度 200 像素，天猫、淘宝页头 100 像素，店铺页头 100 像素，也就是首屏看到的首焦部分只有 500 像素高。为了尽可能多地减少跳失，我们应该将首焦最有吸引力的文案在这 500 像素以内展现出来，而首焦的高度倒不必局限于 500 像素，一次看不完的图像局部，往往会诱使用户继续阅读下去。

图 5-5 无加载项、插件栏、菜单栏等时浏览器本身上方高度在 100 像素左右

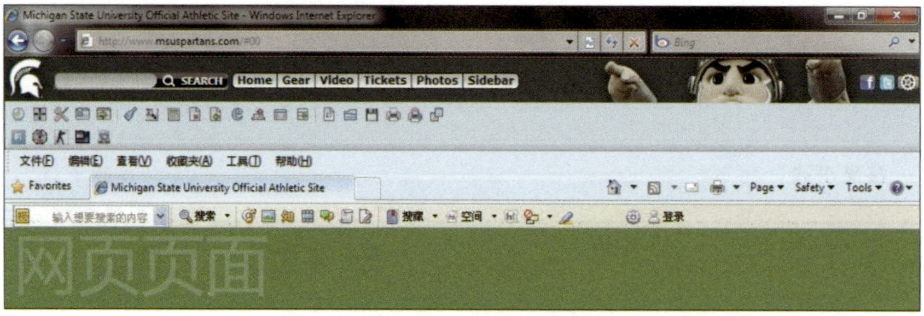

图 5-6 加载了插件后浏览器位于页面上方的高度为 250 像素左右

2. 要点二：是否采用轮播形式

几年前兴起的主流网站做法是首焦以若干张整屏图片轮播展示。那些主流网站为了把首页长度控制在 1.5 屏以内，而将重要内容以轮播的形式折叠起来。而正因为首页长度很短，用户只能将注意力集中在轮播上面。如果我们使用了超过两页的轮播，那就要重新审视一下首页的内容，轮播是否有足够的魅力让顾客付出如此多的注意力，或者是会淹没在超过 3 屏高的首页里，用户根本就没有耐心和兴趣去使用轮播翻页。

因此，慎用轮播，它会耗费掉用户的阅读成本，也不会使页面载入时间变短，相反，用户在阅读时往往不得不面对载入若干张大画幅轮播图片的困扰，增加等待成本。这些图片一般超过 300KB，8MB 带宽的网速勉强可以应对，更慢的网络环境只能望图兴叹了。和页头的分类一样，轮播仅只是方便老顾客使用的利器，对于中小卖家，以及用户黏度不高的卖家，还有首页浏览量不超过 10% 的卖家，轮播不是个好选择。如果一定要使用轮播，也最好有内容预告式的引导模块和良好的交互体验，如图 5-7 所示。

图 5-7 天弘基金首屏

值得玩味的是，像淘宝网店一样的一页式网站正在兴起。越来越多的网页设计师意识到用户没有多大兴趣去玩味轮播那种枯燥而无意义的翻页，他们更需要的是一个引导，用户希望看到他想要的，但不是他自己去寻找。

很难说这些动辄高达 10000 像素的一页式网站是受到了淘宝网店的启发，但是无疑有异曲同工之妙。

3. 要点三：视觉冲击力

首焦作为一个整体，我们的目标是要做到从整个首页中脱颖而出。也就是首页除首焦以外的整个部分从视觉上也应当做到可以被视为一个整体，而且这个整体要和首焦整体在有统一度的前提下还要有区分，从而获得绝好的视觉冲击力。

如图 5-8 所示的案例采用了大色块来切割整个版面，从而让首焦从首页中凸显出来；另一方面，颜色上的统一和设计元素上的一致保证了两者的统一性。可以明显的看出，设计师通过削弱首页其他模块（页头、分类等）来增加首焦和首页的对比，而这也正好和该案例的产品使用环境（办公场所）所追求的“整洁、有条理”相一致。即使是广告图的创意部分——将“三重特惠”表现为三个细体的“惠”字相重叠，也因同样的追求而采用了明黄、西瓜红和湖蓝三种温和的颜色，并一一和正文中的①②③三点促销特惠相对应，在具有很大局限的前提下完成了一次不错的创意发挥。

图 5-8 广博旗舰店

4. 要点四：务实型创意

提到创意，必须要指出的是，没有和实用性结合的创意对顾客而言等于零。顾客来到店铺首页并非是来欣赏设计创意的，而是来购物的。创意之所以为人重视，令人忍不住喝彩，是因为创意解决了传统手段不能解决的症结，而非创意有别于传统的这份独特，何况，有别于大众的未必是好的。基于这一点我们应该可以说，创意不是非主流。

一言以蔽之，设计师要设计给顾客用的务实型创意，而非给顾客看的花炮型创意。闲得没事给标题做两个字，又或者给模特磨磨皮，是最标准的不务正业（这里并非是批评这样的设计风格，从某种角度来看，不务正业恰恰是设计的本质。设计师和设计的终极诉求在于设计本身，而不在顾客和老板身上），如图 5-9 所示。

图 5-9 在顾客眼里，这两张图没有任何实质性的区别

来看一个也许是淘宝史上最长的首焦海报的案例。

案例应用背景是 2011 年圣诞节活动。此时购买群体处于购置年货时间段的中后期，具有一定的购买力，但具有比较确切的目标性。如何抓住客户群体的心理预期，获得认同感，进而促成成交是关键，而这也与提高品牌形象的目的正好重合。剩下的就是在设计上如何实现的问题。

在显要地段摆放高大炫丽的圣诞树是圣诞节时线下大卖场的惯用做法，这时力度再大的折扣也抢不到风头，年轻人对圣诞树的狂热被很好地利用了起来。于是设计团队决定要做一颗淘宝史上最高的圣诞树。迎面而来的难题是，圣诞树肯定是要做成首焦广告图才能起到作用，但圣诞树的形状是个较高较窄的三角形，就注定了典型做法的圣诞树似乎都是一颗小树，如图 5-10 所示。

图 5-10 典型首焦做法的圣诞树（右侧三角形部分）

圣诞数越高就意味着首焦越长，长久从业经验的直觉却一再敲响警钟，页头加首焦一般来说不宜超过两屏。过长的首焦使得单品推荐迟迟不能进入客户视野，将有违浏览预期，导致跳失率过高，这无疑是冒天下之大不韪。在反复的构想、推倒、再构想的过程中，设计团队察觉到拉长后的首焦并未被文案和放大版圣诞树撑满，恰恰也是拜令人头疼的圣诞树的形状所赐，它在高度撑满首焦的同时，不能在宽度方面也占据整个首焦，而这个空出来的空间正好可以放入最重要的活动单品推荐。至此布局上的问题迎刃而解，跳失率也因此不降反升，如图 5-11 所示。

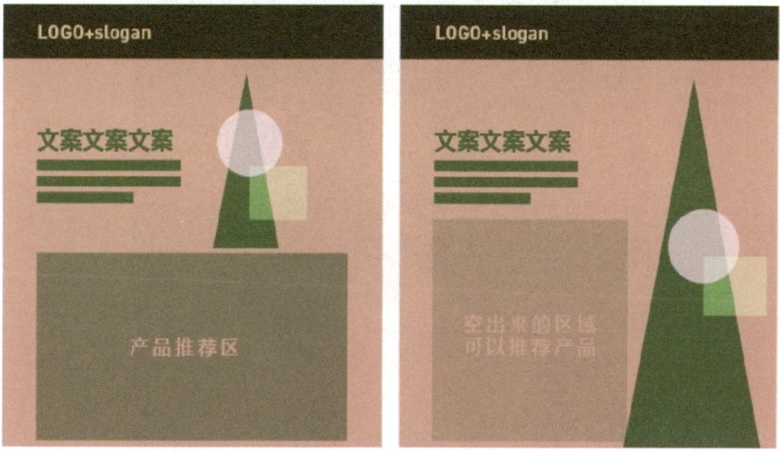

图 5-11 放大圣诞树后，空出的区域正好可用来推荐产品

来看一下最终效果。圣诞树净高 1100 像素，算上顶上的红心和底座则高达 1800 像素，整个首焦（不含页头）已经超 2000 像素，很有可能是淘宝史上最长的首焦。在这浑然一体的一整张图内，信息仍然在悄然分层，第一屏以内是活动促销信息：1 元秒杀、全场折扣、

好评免单，分别按活动力度排序；左侧是一元秒杀的单品推荐，结合预告推出收藏按钮增加回头率，实现推广流量的重复利用；右侧是首页模块的单击直达的锚链接导航按钮，单击直接跳转到该区域（首页就像是一幢大楼，而锚链接就像是电梯，按下 5 楼就直达 5 楼，不用客户再下拉 / 翻页阅览），大幅提高了用户体验，进一步减少跳失率、增加点击率。

而在视觉表现上，选用圣诞节常用的红绿色搭配，红色为整体背景色，绿色为强调色；选用了圣诞彩球 / 圆形作为设计符号，增加整体氛围；圣诞树由最上方的清晰显示过渡到最下方的若隐若现，意在融合氛围的前提下凸显产品；底座着重渲染金碧辉煌的灯光质感，结合两个热销产品，为首焦画上完美的句号，如图 5-12 所示。

图 5-12 真爱美家旗舰店首焦图

让我们再回到最初，重新快速审视这个案例。

创意点在于成功地将产品推荐融入首焦，从而解决了首焦过长引发的问题，进而成就了华美绚烂、极具冲击力又经得起数据考验的首焦。注意，这里并非为了要创意而做创意，而是在设计途中碰上问题，用传统办法无法实现意图时，才引入了创意——创意被视为解决问题的钥匙，而非标榜设计至上的特立独行。这其实很简单，设计应该一切皆以顾客为中心，而非以设计师为中心。

再近一些审视案例中创意的本质。作为传统做法，是将文案和图片结合。而本例只是对这一思想的延伸，将产品推荐也结合在了一起。我们并未刻意疏远传统做法，或是立志另辟蹊径有别于传统，正好相反，这次创意来源于传统，是站在了前人的肩膀上。也正因如此，这样的创意才不因创新而显得哗众取宠，应用也更务实、更经得住考验，如图 5-13 所示。

图 5-13 本案例创新的实质上只是对传统做法思想上的延续

5.1.3 首屏

由于首焦和页头组成了首屏，在此将两者结合起来，通过一个整合案例进行总结。

1. 要点一：信息分层

常规做法是适当弱化页头，以突出首焦。毕竟页头最大的功效就是为自然搜索或是单品推广而空降至产品页的顾客提供返回首页按钮，首焦则负责为跳转首页之后的用户提供活动汇总等信息。

如图 5-14 所示展示了登录状态下的七天办公天猫界面，Google 的公用页头部分由最上部的提示栏、搜索栏和导航栏组成，对比度较小的配色使得用户在使用过程中几乎不会分心去查看深灰色的提示栏部分；而搜索栏使用了浅灰色背景，导航条则用到了白色背景，三个部分反差由弱至强，而他们作为一个整体又和页面内容部分相区分开，无疑是一个了不起的设计。一个不易察觉的创意：该商城的 Slogan 不是像常规网站一样硬邦邦的写在 Logo 身后，而是被设计在了搜索栏的默认提示位置，暗示着搜索一下，即可“让办公变得简单快乐”。

图 5-14 七天办公 B2B 天猫界面

2. 要点二：视觉冲击力

视觉冲击力来自于对排版和配色的把握。最亮的颜色是白色，最暗的颜色是黑色，一味的遇强越强只会适得其反。从视觉冲击方面来看，只有通过对对比的严格控制，才能让视觉冲击对顾客发生效应。大可试想一下图 5-8 的案例中首焦换成淘宝设计翘楚七格格家的典型黑白配式海报图（又或者页头互换），岂不是要乱套了。再举一个例子，图 5-14 中的搜索按钮就是页头除 Logo 之外最具有视觉冲击力的元素。而这并不是使用了什么独门秘诀，无非是整个页头只有搜索按钮、Logo（更大，最左端）和购物车（更小，更靠右）采用了红色，就是这么简单。

3. 要点三：交互体验

如图 5-15 所示展示了七天办公近乎微弱的交互设计。每个按钮设置了三个状态：常态（以搜索按钮为例，下同），红色色块 + 放大镜图标；鼠标覆盖时，红色色块下部稍微变暗 + 放大镜图标；鼠标单击瞬间，红色色块下部稍微变暗（同上），上部做了微弱的内阴影 + 放大镜图标下移 1 像素。

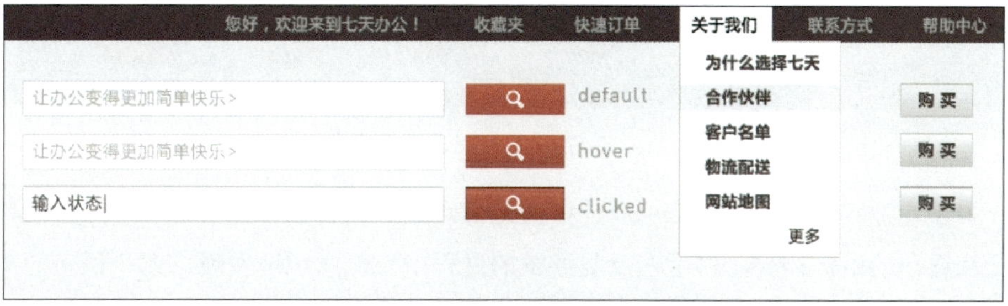

图 5-15 七天办公交互状态

这样的交互不能告知用户更多的产品信息，这也并非交互的宗旨，交互旨在以一种友好的方式引导用户的操作（反差过大的交互就显得简单粗暴）。通过用户晃动 / 单击鼠标时触发的交互效果，以肯定用户，就像是在说“干得好，继续吧”，或者提醒用户，“不对哦亲，那里不能单击”。

5.1.4 分类

1. 要点一：识别度

和首焦不同，分类的主要用户是老顾客和目标顾客（有清晰目标而来的顾客），更强调清晰的条理性和逻辑性，信息分层需要花大工夫。

如图 5-16 所示为某 O2O 社区型水果商城的一处分类。“明星产品”、“新品专区”、“优惠专区”、“礼品专区” 四个区间，采用了四个不同颜色的水果图标，看起来五彩斑斓，十分漂亮，但是这四个图标并没有释放正能量。顾客对于分类的需求在于检索，因此顾客心里先产生了一个预期，比如优惠然后顾客就在该模块搜索和优惠相关的线索。然而，只有顾客明确地看到“优惠专区”四个字才能发现他所需要的入口，在这之前，漂亮的小柠檬起到的唯一作用只会是让顾客陷入困惑。各位读者如果不以设计师的眼光而以顾客的视角来看问题，能想象这是个多么文不对题的设计吗？

图 5-16 某 O2O 社区型水果商城分类

作为设计师同行，我们完全可以往好的方向想象。作者也许并非是一开始就想要策划这个糟糕透顶的用户体验，只是在反复尝试的过程中，无意识地发现这四个诱人的果子图标并排起来很漂亮。在设计途中，原本应该是操控设计去诱惑顾客的设计师本人，反而被美丽但无用的景致迷惑了，设计师在接下来的过程中，即使意识到自己跑题了，仍然会试图说服自己（或是提出意见的人）“至少它看起来很漂亮”，而这毫无疑问是为不沿着正确道路前进的人准备的最可怖的惩罚。

2. 要点二：图标和文字

回到分类上来，刚才的案例也许过于极端。“如果将图标相关性加强，并缩小到一定程度，是否有所改进呢？”这样的问题看起来似乎理所当然，但我们姑且先放下结果不管，来审视一下这个问题的根源。从设计的角度来看，图标永远不可能取代文字的地位和作用。图标作为一个符号，具有一定的抽象性和具象性。但是文字，这种流传了几千年的符号，不仅仅只是符号、文字还是符号的符号。文字具有极高的精炼准度，可以胜任人和人之间的交流。不管 UI 设计师如何鼓吹，同样的任务图标显然不能胜任。那么问题就很明了了，在分类这样的大规模信息应用环境里，如果设计师决定写上文字，那么就要让文字占据真正的主导地位，让文字来负责供人辨识的作用，而图标则做个标致的花瓶，在一旁陪衬就好；而如果设计师想要让图标越俎代庖，而文字显然不能起到图标的花瓶作用，那么应该明智地将文字全部拿掉，但显然没有设计师会做出这么夜郎自大的事情。

上述的比较中，最核心的点在于，分类不需要诱人之美，不需要促使人点击，有需求的人自然会点击，没需求的人你又为什么要诱使他去点击呢？在设计的时候，务必应该在下笔之前明了这一笔的功用和结果，而不是徒然地试手气。只有做到这样，才能算脱掉了菜鸟的帽子。

3. 要点三：辨识度进阶

对于分类这样的二阶表格，经过设计师的双手后，如果还不如 Excel 表格的效果好，是否会让人很不能接受？然而从结果来看，相当一部分设计师做的分类表格还不如 Excel 表格默认格式的辨识度高。

如图 5-17 所示展示的案例虽然还不算是最糟糕的分类，不过也先让我们来品读一番。试想一个要买“单肩包 / 手提包”的顾客，能如何通过该店铺设计师经手后的分类达到彼岸。按照该分类，“单肩包 / 手提包”属于名叫“功能”的一级类目，也即顾客有两种选择：第一，耐心在这错综复杂的乱字一堆中发现“单肩包 / 手提包”几个字；第二，先找到名叫“功能”的一级菜单，然后顺藤摸瓜，找到“单肩包 / 手提包”(可这究竟得是个什么样的神级老顾客，才能知晓该店铺的单肩包是属于这个名叫“功能”的一级分类呢？)。顾客更多的是选择第三个选择，放弃从这个设计败笔中寻求帮助的念头。

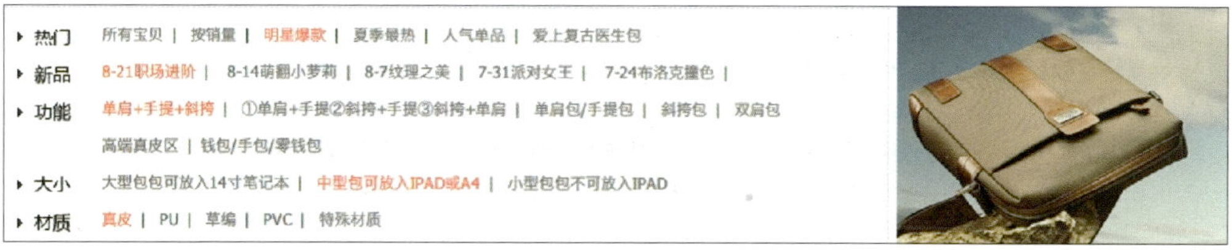

图 5-17 阿凡拉箱包旗舰店分类

如图 5-18 所示展示了一个基本 Excel 网格下的排版效果。绝大部分使用 Excel 默认设置，背景改为填充白色，“功能”分类由于有两排内容，故而行间距进行了修正，使得一级分类间间距一致，且大于一级分类内部间距。在竖直方向上左对齐，将原本杂乱无章的文字堆规范起来，以获取更佳的二级分类查找效果（更简单地直接找到“单肩 / 手提包”)。

	A	B	C	D	E	F	G
	热门	所有宝贝	按销量	明星爆款	夏季最热	人气单品	爱上复古医生包
	新品	8-21职场进阶	8-14萌翻小萝莉	8-7纹理之美	7-31派对女王	7-24布洛克撞色	
	功能	单肩+手提+斜挎	① 单肩+手提 ② 斜挎+手提 ③ 斜挎+单肩			单肩/手提包	斜挎包
		双肩包	高端真皮区	钱包/手包/零钱包			
	大小	大型包包可放入14寸笔记本		中型包包可放入IPAD或A4纸		小型包包不可放入IPAD	
	材质	真皮	PU	草编	PVC	特殊材质	

图 5-18 Excel 中的排列效果

如图 5-19、图 5-20 所示展示了在 Excel 环境中对行间辨识度进行优化后的效果。优化后获得了更好的一级分类查询效果（更简单地从一次菜单查找到二级菜单）。

	A	B	C	D	E	F	G
1	热门	所有宝贝	按销量	明星爆款	夏季最热	人气单品	爱上复古医生包
2	新品	8-21职场进阶	8-14萌翻小萝莉	8-7纹理之美	7-31派对女王	7-24布洛克撞色	
3	功能	单肩+手提+斜挎	① 单肩+手提 ② 斜挎+手提 ③ 斜挎+单肩			单肩/手提包	斜挎包
4		双肩包	高端真皮区	钱包/手包/零钱包			
5	大小	大型包包可放入14寸笔记本		中型包包可放入IPAD或A4纸		小型包包不可放入IPAD	
6	材质	真皮	PU	草编	PVC	特殊材质	
7							

图 5-19 Excel 中基于图 5-18 的效果，加强了行间的辨识度

	A	B	C	D	E	F	G
1	热门	所有宝贝	按销量	明星爆款	夏季最热	人气单品	爱上复古医生包
2	新品	8-21职场进阶	8-14萌翻小萝莉	8-7纹理之美	7-31派对女王	7-24布洛克撞色	
3	功能	单肩+手提+斜挎	① 单肩+手提 ② 斜挎+手提 ③ 斜挎+单肩			单肩/手提包	斜挎包
4		双肩包	高端真皮区	钱包/手包/零钱包			
5	大小	大型包包可放入14寸笔记本		中型包包可放入IPAD或A4纸		小型包包不可放入IPAD	
6	材质	真皮	PU	草编	PVC	特殊材质	

图 5-20 比图 5-21 更强的行间辨识度

在这里并非是提倡采用原始的 Excel 工具来取代 Photoshop 排版，工具本身没有问题，关键在于使用者的意识。

如图 5-21 所示的案例在辨识度和交互上走得更远。 在网格系统的基础上，采用各不相同的颜色条 / 块来区分一级分类。鼠标覆盖可触发背景变色，并且以更深的颜色显示二级分类。

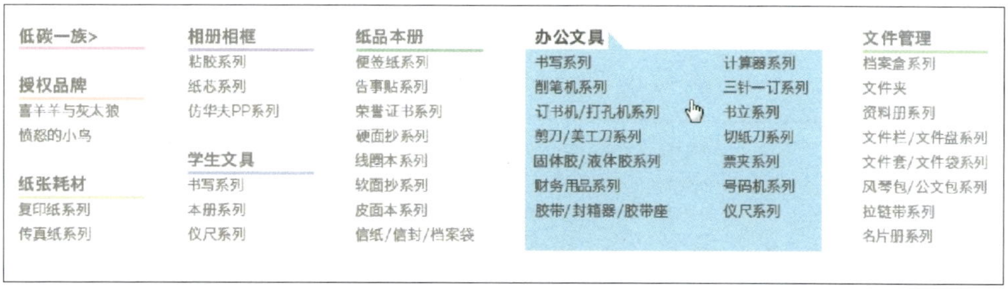

图 5-21 广播旗舰店分类交互效果

如图 5-22 所示的案例在交互上更进一步，它并未采用任何形式的 CSS 互动，而是采用设问的形式让顾客更直接地找到自己的购买目标。对于分类来说，还需要达到什么更高的要求呢？在排版方面，上面几个案例都对一级分类和二级分类采用了左对齐的对齐方式，图 5-22 的案例则对二级分类进行了两边对齐的处理，使得画面更加整洁有序。

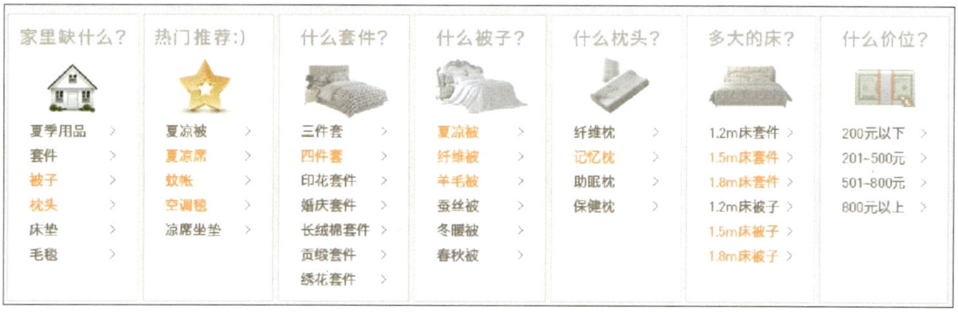

图 5-22 盛宇旗舰店首页底部完整分类

一个小技巧：如图 5-23 所示，当采用文本框形式（在 Photoshop/Illustrator 中用文字工具（快捷键 T）拖选出一个矩形框即可，框大小可以事后调节，文本将自适应框体）输入文本时，可以选择更多排版选项。图中段落面板新增了四种段落对齐方式（都与两端对齐有关），段间距调节（有别于字符面板中的行间距）和避头尾法则；后两者虽然在非文本框形式的文本对象上也可以设置，但事实上没有任何意义。

段间距：段间距可以调节段间间距，使得分段处的间距大于段间行距，比如图 5-17 的案例中，“功能”分类下的二级分类有两行，但是这两行的间距（行间距）与它们和其他分类（段）的间距（段间距）相同，因而造成了局部视觉上的混淆。

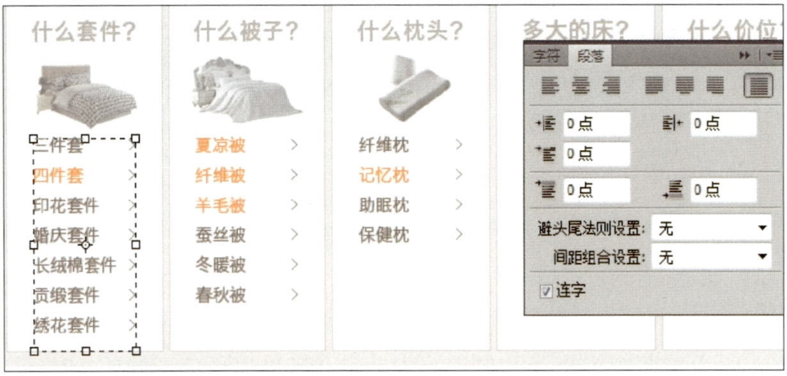

图 5-23 采用文本框形式输入文字有更多的可调节选项

避头尾法则：自动检测标点符号是否错误地出现在行首行尾，如逗号（，）出现在行首，左中括号（[）出现在行尾，并在预设范围内调节该行字距，以避免此情况发生。该选项只检测行首尾，不检测段首尾，因为分段是人为控制，也即该法则不干涉用户人为制造错误排版的行为。

回到图 5-17 所示的分类，之前说到他并不能算是最糟糕的分类。最糟糕的分类同出一门，分类逻辑如此混乱（谁能想到“单肩包”隶属于“功能”这一级分类），竟然还将二级分类折叠起来，鼠标移动到一级分类上再弹出，这样的分类设计不能再糟糕了。

5.1.5 促销活动区

促销活动区也即产品橱窗区。产品橱窗的目的在于承载产品，显示产品相关信息，因此，促销区经设计后务必使得产品最为突出，以展示产品为目的。过于执迷于花哨的橱窗格子或是炫目的购买按钮，只会走进设计的死胡同。

1. 要点一：设计的责任

淘宝网上除了实实在在的看得见摸得着的产品在售卖外，还有许多虚拟商品，如图 5-24 所示为基金产品的橱窗展示。设计师为基金制作了一个包装盒，封面是基金的主形象图，通过盒子封装产品这一意象，巧妙地回避了直接表现基金这一虚拟产品的难题，并赋予了虚拟产品一个更实的印象，缩短了顾客和产品间的距离。需要注意的是，这并非是在美化产品，而是帮助顾客更快地理解产品。

图 5-24 富国基金旗舰店的橱窗展示

如图 5-25 所示的橱窗展示很好地揭示了橱窗的本质，它是一个偏向功能性的设计模块。图中用三个圈展示了三个内容：原价和折扣价，放在一起利于查阅；限量销售，采用了锯齿圈，增加氛围；产品卖点。这三点清晰明了地展示给顾客之后，是否能促成点击，这就要看价格和产品了。菜鸟往往会对设计报以更高的要求，以为设计能提升产品品质，但事实上不管设计与否，不管设计好坏，产品品质就在那里，不增不减，坑蒙拐骗不是设计的责任。每一个设计师都应当谨记，设计师就像是产品橱窗一样，只是负责展示运营端的营销思路，而不是去修图，去做假证书。

图 5-25 炫馨旗舰店的橱窗展示 1

2. 要点二：设计的规则

菜鸟对设计报以更高期待的原因还在于，菜鸟认为展示产品是一件很简单的事情，实则不然。

如图 5-26 所示的橱窗展示为了更好地展示打底裤的穿着效果而采用了模特全身照。如果设计上不做点什么努力，顾客势必会被模特更多彩的衣服所吸引。设计师用一块半透明的白色色块遮住模特上身，上面用来标注价格和卖点，巧妙地解决了问题。菜鸟之所以认为简单，是因为不懂设计的规则。就像小时候奶奶问我篮球有什么好玩的，改天她买 10 个球分给我们，她也只看到了结果，却难以深入体会到我们正在享受规则。

图 5-26 炫馨旗舰店的橱窗展示 2

设计的规则无非是对比和统一，这两者可以是颜色上的，也可以是大小、字体磅数、平面构成、设计手段等方面。对比和统一并非是矛盾体。就拿大家认为是代表激情的红色来说，优衣库采用了红色 Logo，和激情没有任何关系；无印良品的红色甚至让人觉得安详；和路雪的红色和它的产品冰激凌没有一丝冲突；即使是可口可乐，采用红色时也只是因为“我们认为处于领导地位的品牌都是红色”。

3. 要点三：交互体验

大量的橱窗推荐，将使顾客的真正目标淹没其中。如何插入引导模块，让顾客不至于迷路，是减少跳失率的关键。

如图 5-27 所示展示了引导模块的作用所在。整个首页的橱窗按不同推荐方式分为几组，并将推荐方式作为导航条插入其中，案例按商品分类来推荐，在导航条上还附加了二级子分类、品牌标识和广告文案等，或者其他的功用性模块。除此之外还附带了热销推荐，对于举棋不定的顾客具有更大的说服力。如图 5-28 所示是按照图 5-27 实现的一个成品。

图 5-27 一个可行的插入了引导模块的橱窗推荐框架

图 5-28 盛宇旗舰店促销区

如图 5-29 所示展示了如何保持首屏促销氛围的一致性。从交互方面看，顾客可以从首屏提供的锚链接直达促销区，并在不同促销区之间轻松切换（不需要 CSS 支持）。首焦上的元素被导航条保留并延续了下来，用户在使用这样的界面时，学习成本降到最低，产品展示效率达到最高。而一旦活动区完结，到了非主推区，导航上的元素就抹掉了首焦活动的元素，换回了日常的状态，这里可以对比图 5-28 和图 5-29 的导航条发现。

图 5-29 促销区和首焦活动的联系

而从视觉上看，四个促销区采用了一样的布局方式，用颜色（包括产品橱窗背景颜色和价格标签颜色）来区分。四个促销模块页面上虽然超过了三种颜色，但丝毫不会显得花哨或是凌乱，因为每一个促销区内部颜色和结构保持了高度的一致性。

4．要点四：SNS 植入

如今 SNS 流行，不少店铺也期望借助流行趋势发一笔小财。于是出现了不少如图 5-30

所示的伪瀑布流店铺首页。长篇大论的王婆卖瓜式推荐，不能自动加载的瀑布流陈列方式，单击跳转至产品列表的伪标签云，没有任何 CSS 交互的橱窗设计，每一点都是谋杀销量的毒药。

图 5-30 画虎类猫的伪 SNS 式首页设计局部

这些看起来像模像样的店铺，如何给用户提供基本交流的社区环境？如何让用户基于首页平台实现偏好采集？如何提供海量的筛选样品？连一个可怜的分享按钮都没有，还谈什么 SNS 呢。

分享按钮目前在模板市场也很流行。一长串花花绿绿的各网站分享按钮，像毒瘤一样疯长在每个产品橱窗上，卖家却一厢情愿的认为顾客看见之后会发出“终于能分享这个产品了”之类的欣喜，这无异于痴人说梦。

SNS 活动需要基于大流量涌入，有成熟且便捷的 SNS 互动环境，有深入的相关活动策划，有怡人的产品推荐和活动氛围，还要有风可跟。作为垂涎于此的设计师，第一步至少要先去 SNS.taobao.com 了解技术手段。

5.1.6 页尾

页尾服务于非目标性客户和新手买家。

如图 5-31 所示的案例在页尾提供了店铺品牌介绍、新手帮助、物流售后、一级分类和收藏提醒几个模块，覆盖面较广，并提供“返回页首”链接，让顾客轻松跳转至页头，提升了用户体验。对于从首页阅览至页尾的顾客，分类和网站地图（本案例中通过单击“查看完整分类”直达）将给予更多选择；而对于从产品详情页阅览至页尾的顾客，“新手上路”和“物流售后”可以协助顾客更快找到目标产品和促成成交。一切很明了了，在页尾提供新手攻略可帮助新手快速上手，提供网站地图有助于顾客了解店铺框架，展示店铺服务保障可促使成交，留下表单收集意见，或是登记订阅店铺更新的邮箱，都是提高用户体验的好手段。当然这是在首页和内页不是太长的前提下，对那些动辄长达两三万像素的页面而言，页尾做什么都几乎是白搭。

图 5-31 顾家家居旗舰店页尾

5.2 内页

产品内页通常担负着比首页更多的转化率责任，它将直接面对顾客，经受顾客的货比三家和反复推敲。除此之外，为了增加说服力，内页往往还要负责展示品牌实力、售后服务等。为了提高客单价，内页也需要有顾客分流模块。先前在首页篇着重讲解了作为一个设计师应有的整体统筹能力，接下来将从局部展开，把更多的目光放在具体执行的细部技术上。

5.2.1 方案视觉化

对于到手的内页方案，设计师应该如何着手？根据产品和方案拟定设计手法是亟待解决的首要问题。不过也不要把问题想得太复杂。温馨的、炫酷的、质感的、可爱的……这些的区别仅存在于素材和颜色、对比等设计手法之间。

如图 5-32 和图 5-33 所示展示了同一品牌的不同主题活动，对应不同色系的产品页装修风格。

图 5-32 老板电器产品内页 1（主题活动）

图 5-33 老板电器产品内页 2（主题活动）

前者力图突出两点：抽油烟机吸力强，功率大；抽油烟机全面吸油烟，打造绿色安全的厨房环境。

因此，在设计图片的过程中，我们要考虑到在素材的选择上安排一些绿色植物，绿油油的叶子被抽油烟机从很远的地方吸了过去，从而将两者结合在了一起。

后者采用了同样的设计元素，不过这次被吸过去的是红色的玫瑰花瓣，整个页面也显得爱意浓浓。居中的心形符号将人物和产品分隔在画面的两个角落，获得了蒙太奇式的曼妙美感。

据笔者调查，图 5-33 大概是目前唯一一个采用粉色色调的抽油烟机页面，其余几乎都是采用深色乃至黑色作为背景和主色调。原因就在于，大部分设计师在拿到方案之前已经形成定势，认定抽油烟机就应该是黑色背景，以便更好地呈现金属质感。但其实金属质感氛围来自于光影的通透感，而并非一定要用黑色背景。

如图 5-34、图 5-35 所示分别和图 5-32、图 5-33 两个案例为同一个页面，前者采用了黑色，设计师着力打造质感，使画面拟物化；后者采用了粉色，设计师重心偏向打造梦幻效果，使画面更清爽。与此同时通过颜色的语言来操控氛围，需要指出的是，用粉色能得到更清新通透的氛围，用浅蓝色、浅绿色、浅黄色、浅紫色等也同样可以，设计师不应该对颜色有任何偏见。与其认为图 5-35 是一个粉色色调的页面，不如将之视为浅色色调，正如之前所说，这个浅色也可以是别的颜色。

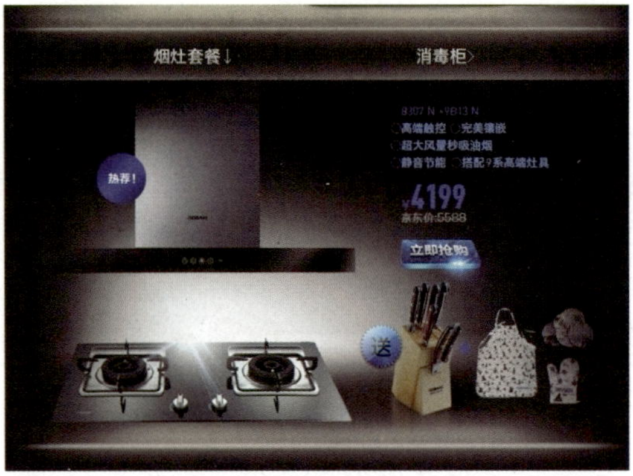

图 5-34 老板电器老板电器产品内页 1（连带销售）

这两者怀着相同的目的，因方案不同而走向了截然相反的设计表达方式。对于黑色背景，产品和背景融合得更加完美，与此同时出现的问题是产品不够突出，因此设计师让功能卖点、价格和购买按钮浮出画面，成为画面的焦点；对于粉色背景，产品较为突出，因此设计师对文字区域予以弱化，以保证产品的聚焦性。如果妄图又想突出产品，又要文字区域突出，最终只会扁担挑钢钵，两边都滑落。

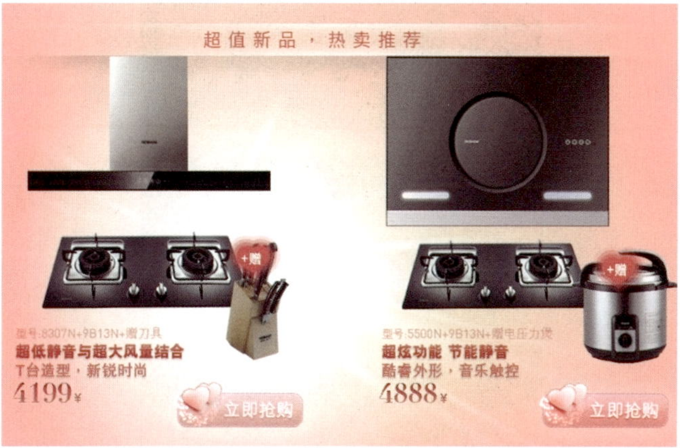

图 5-35 老板电器老板电器产品内页 2（连带销售）

从方案中确立主体并将之视觉化，或者说，根据视觉化后的方案确立主体，是内页设计的第一步，也是最为重要的一步。当以此主体为基准，视之为最明亮的调子，层层以对比关系削弱其余信息点，向最深、最细节的暗部缓缓进发。

如何削弱？小至两个不同的元素，大至两个不同的模块，都要缩减他们彼此间的差别。在这两个对象内容完全不同，不具备可比性的情况下，比如说不同的两个模块，购物须知和产品展示，我们可以为他们加入一些共同的元素，加强两者的整体性。

比如都加入同样格式的导航条，都采用同样的字体，段落间行间距、段间距、字距、对齐方式保持高度一致。再扩大范围，只要是设计的手段，都采用尽量一致的、有关联的，或反差更小的表现方式，就能削弱两者的对比，使其更具统一性。

如图 5-36 所示案例为该内页结尾部分的品牌介绍模块，由五个部分构成：第一张，形象代言；第二张，印象数字；第三张，斩获荣誉；第四张，服务客户；第五张，品牌 Slogan。案例以棕色为主色调，辅以品牌色大红色为强调色。大家可以发现，除了在字体（某黑体）、颜色（棕 / 红）、对齐方式（左对齐）、符号（矩形 & 圆形）等方面高度统一外，在其品牌色的使用上呈现出越来越多的规律，从第一张右上一块红色开始，红色的使用率越来越多，直到第四张红色大面积铺开，第五张则已经完全是红色背景。

图 5-36 顾家家居旗舰店产品内页的品牌介绍

削弱次要信息是为了让主要信息更突出。泰山之所以高大威猛，全靠四周的平原和小丘陵。如果泰山身在云贵高原，根本不算是大山。云贵高原的人觉得，四周也都不是大山，和浙江小丘陵相差不大。之所以会这样，还是之前反反复复申明的，对比是相对而言，而非绝对的。

5.2.2 卖点视觉化

将提炼后的卖点视觉化，制作成的广告图是一个内页的核心部位。对设计师而言，并非是要将文案所写直接地转化成图片，这即不现实也不会得到令人满意的结果。设计师有设计师之于设计的报复，也不应局限于文案所展示，作茧自缚。文案在讲文案的故事，设计师也有设计师自己的故事，这两个故事有着高度的一致性，但也必须有着明显的差异，否则两者只需留下其一即可。

1. 讲故事的人

一起来看如图 5-37 所示的案例。图片上的文案标题是“我有好滋味，更有好营养”，这样的文案除了“好营养”这一卖点本身，更让人觉得有趣的在于第一人称的自述语气。这样的陈述方式让气氛变得活跃，如果设计师仍然只是按部就班地根据卖点展开来设计，不出意外的话，无非就是找一篮子蔬果外加几块鲜肉，和产品分别被置于天平的两端，以示营养丰富。各位能想象这样的画面吗，这和新闻联播般的说话方式一样让人难受。是不带任何感情色彩的、平铺直叙、死气沉沉的设计。

图 5-37 良品铺子旗舰店某产品卖点图

图 5-37 这个案例的设计聪明地绕开了这个陷阱，该产品富含营养的结论来自于产品中含杏仁和鸡蛋这两种高蛋白食材，为此设计师制造了一个亦真亦假的景象。

杏仁、产品和鸡蛋的色调集中在饱和度较低的黄褐色范围内，故而采用了明亮的青色做底，最大化地加强了冲击力。

90°俯视角度下的几叠产品右侧绘制一个高度相当的椭圆，经由水平方向的动感模糊后，在背景上留下了长长的阴影，这样得到的效果比高斯模糊更接近真实，和背景更融合。三五颗杏仁和产品摆放成一个“养”字，用一种有趣的方式去提醒客户关注文案中和“营养”有关的内容。

文案大小错落有致，以放射状的方式排在产品周围，进一步聚焦视线，同时牵制右上的杏仁和右下的鸡蛋，使整个画面归于平衡。

注意，这里设计师营造的画面里，并没有出现类似于先前我所嘲笑的“找一篮子蔬果外加几块鲜肉，和产品分别被置于天平的两端，以示营养丰富”这样僵硬的表达方式。

为了使我要讲述的意图更为明显，我在此讲个冷笑话作为例子。

苦苦暗恋女方的一位男士，某天终于耐不住性子，鼓起勇气问心仪已久的心上人“你喜欢我吗”。姑娘幽默地回复他“你猜”。面对被推回来的又略带俏皮的皮球，男士只得接招，他说“我猜你喜欢”。女方回复，“你再猜”。

我的冷笑话到此结束，让我们在出于礼貌的哈哈声和会心一笑中想象该女士的另一个选择，如果一开始直接回拒男方。这显然会让故事丧失唯一的那一丁点玩味性。

让我们做一回讲故事的人，去理解幽默这个词汇吧。

醒醒，那些还在一本正经做设计的同僚们，顾客不是傻子，他当然知道这个天平所揭示的营养等式（左“产品”，右“一篮子蔬果外加几块鲜肉”）不论是从哪一个角度来审视都是在胡夸海口和不值得相信。比起像一本产品说明书一样去讲一件本身就不严谨的事情，我们为什么不选择讲一些更有趣味的故事，让顾客玩味其中呢？

设计是一门现代艺术。现代艺术的关键词之一就是幽默。

为了能更接近设计的本体，我们不妨来审视一下幽默的本质。幽默是个泊来词，这不单是说中文里的幽默，就连英文里的幽默（humorous），也不是由根正苗红的英文词根构成。据说幽默一词出自拉丁语，直译的话意思是“远离神祇”，或是“从圣殿走开”。

幽默，将读者和听众从诸神面前带走，远离那些一本正经的拉长了的马脸。设计师应该对此深有感触，毕竟这个职业的所有人都会祈祷，要远离背后指点江山的神，从诸神构建的神祇中逃离。

诸位，上述的文字里，我从讲做设计离题到讲故事，再从讲故事离题到幽默，这本身也是一个设计的设计（designin’ design）。

2. 蒙太奇的魔力

继续来看一个关于“营养丰富”的设计和故事。

如图 5-38 所示的这家店铺一共有上千个产品。都是小吃，对于文案策划来说，他当然希望每一个产品都能突出营养丰富。那是不是说设计师要做一千个天平，都左边放上产品，右边放上一大篮子蔬菜、水果和牛肉？

图 5-38 良品铺子旗舰店某产品卖点图

“一千个人眼里有一千个哈姆雷特。”这句话出自莎士比亚。对于一千个有关营养丰富的故事，同样的战斗总不能打响一千次。图 5-38 所示的案例里，在产品和蔬果的对峙中，加入了第三者的选择。面对左下角的产品和右边一大片的凤梨柠檬苹果，伸入画面的这只手出了他的选择。

再一次强调，文案和图片要阐述的内容在方向上必须是一致的，甚至在切入点上也是有共鸣的，但是在表达形式上可以截然不同。

设计师在“小小一片”四个字上做了文章。这四个字让图 5-38 中的产品呈现形式有别于图 5-37 中的产品。图 5-38 中的象征着“选择”的手，从堆叠好的产品丛中轻轻拿起一片。如果这是一张真实环境的故事中的一瞬间抓拍，我们可以想象，很有可能这只手仅仅只是在当时一瞬间选择了该产品，而非认定这一片要强过右上的一堆水果，也许当前定格之后的下一个瞬间，同一只手的主人会去选择柠檬，或是苹果，总而言之，这结果谁说得准呢？

然而设计让当下展示的这一个瞬间定格并成为永恒。设计切割了上一段文字里我们所假象的这一长镜头。在电影的领域里，长镜头和蒙太奇是两个旗帜鲜明并针锋相对的流派，蒙太奇被认为更具商业价值。蒙太奇切割时间，将几个也许完全不相干的元素“幽默”地放在一起，从而蕴育出更丰富的，令人遐想联翩的新含义。

正如之前所说的这只手只是当下拿起了一片产品，但设计让这一当下被剪切出来并予以展现当下的寓意。因此，手拿一片产品、产品堆、一大堆水果，几个元素凑在一起产生了蒙太奇的效果，而表达了文案赋予广告图的使命和期望。

蒙太奇让人对世界充满期待的猜测和对偶遇的渴望。截然不同的元素 A 和元素 B 像撞色一样直截了当地放在一起，这显然超出了读者对元素 A 本身和元素 B 本身的认识范畴。A 和 B 本身也许没有交集，把 A 换成之前案例中的亟待表现“营养丰富”的产品，B 换成水果，往往产品 A 的制作原料和水果 B 完全不同，但蒙太奇为两者的邂逅填满了美妙的遐想。

3. 设计的写实主义

昆德拉这个好色的小老头曾这样直言不讳地批评一本正经评头论足于各种艺术形式的菜鸟：不会笑、没有幽默感的人，固有观念的无思想性，媚俗，这是与艺术为敌的一只三头怪兽。

之所以一本正经变成了艺术 / 设计的敌人，是因为菜鸟不理解艺术 / 设计的本质。设计的本质不在于描摹真实。有相当一部分人这样无知地看待设计，他们认为设计的作用在于在财力不够去拍摄一个华美的大成本海报的情况下退而求其次的选择。他们认为设计的目的仅仅只是做出以假乱真的广告图。

而事实完全相反，对真实的描摹仅仅只是设计的手段之一。同样地，对不真实的描摹，营造一个虚假的，一眼就能看穿的氛围，也是设计的手段之一。设计可以在为了最终效果而随时变身为无懈可击的天使，也可以在下一瞬间化身为骗术满满的魔鬼。

如图 5-39 所示的案例展示了真实和虚伪的一线之隔。设计师先让模特带上两朵黄色小花，手里也拿上黄色小花，继而用两个水平方向上的渐变正片叠底在模特之上，将模特固定在一本书的右侧一页。右上角还印上了许多文字，这些文字故意加在模特的头上，右下角辅以小小的一个产品图和文案，以证明这真的是一本潮流杂志的一页广告插图页。可是模特头上零散飘落的玫瑰花瓣，它们是如此的明亮，光影显然已经隶属于另一个有别于模特所处环境的光源环境。它更像是散落在这本伪造的杂志书上的花瓣。按理说花瓣和模特既然已经属于两个不同的环境，就应该在位置上加以错开，使得读者更能区分出这一差别。但设计师恰恰反其道而行之，从光影效果来切割两个元素，而从位置上将它们混淆为一体。有别于此，左上角的产品在光影上采取了同玫瑰花瓣一致的处理方式，看起来也更像是放在书上面的物体，而位置上却特地和右下角的产品错开，大小也有着明显的对比。

图 5-39 美尔 SPA 淘宝店某产品内页卖点图 1

你可以赞叹它的极真实，同样也可以质疑它的极不真实，但两者都只会让你陷入媚俗和固执的两难境地，变成昆德拉所戏言的那只三头怪兽。在这 750 像素 ×500 像素左右的方寸之地，设计师设置了如此之多的信息层，层和层之间各有矛盾和协调，统一和对比，各种信息交织成一组组极具戏剧性的冲突之美。

写实主义是设计在从最亮的调子驶向最细节的暗部中对付琐碎信息的所向披靡的制胜武器，但沉迷于刻画真实反而会让设计失去原本设定好的最亮的调子，从而让设计丢掉了主题。

同图 5-39 相比，如图 5-40 所示的案例信息密度要小一些。整个背景都着力于制造一个原本虚妄的意境，在这个莫须有的意境里，产品瓶子从白色的小花朵里生长了出来，花朵遮住了正上方打下来的光的绝大部分，三个产品均淹没在了绿色的环境色之中。而游离于整个画面以外的产品，与从画面背景中的瓶子保持了很大的一致性，瓶身上还有未干的露珠，像是刚采摘下来。右下被枝干遮住一部分的另一个瓶子，以椭圆形的轮廓出现，被设计师设计成一个未长成的果子。这样，画面上具备了四种形态：白色花朵、花朵 + 幼果、花朵 + 成果以及采摘下来的不带花的果子，形成了一个比较完整的虚构链。该案例以极写实为笔，描绘了一个极虚幻的画面，两者之间强烈的反差，不失戏剧性地展现了一个虚构的意境，实现了文案最终的期许。

图 5-40 美尔 SPA 淘宝店某产品内页卖点图 2

4. 冰山理论

设计讲究极简，并非是一味追求画面上的简陋。而是看重元素的必要性。但凡是没有必要出现的元素就应当被舍弃。这是冰山理论中冰上露出水面的部分。

设计还要求水面上的部分能昭示出水面以下的部分，也即设计的其实是一整座冰山，水面上的展示出来，而水面以下的虽然不展示，但是却被水面之上的元素所暗示、所关联，如图 5-41 所示。

图 5-41 冰山理论

设计对极简的追求建立在冰山理论之上。水下的冰山是设计师所致力描绘的画面外的世界。

如图 5-42 所示的案例，大批黄瓜片平铺在画面的每个角落，彼此叠加并显现出局部半透的肌理。画面中部的黄瓜片拥有更重的颜色和更丰富的肌理，被当作文字板使用。

图 5-42 美尔 SPA 淘宝店某产品内页卖点图 3

文案是“重铸肌肤天然屏障”。产品的主要成分提取自黄瓜，大批黄瓜片叠成一堵墙，铸成“天然屏障”，以保护面部肌肤，从而不错地贴合文案预期。黄瓜片是设计中浮在水面上的冰山一角，而黄瓜片带来的功效则是大海淹没的部分。

5. 技术实现

接下来通过更多的案例讲解细部技术。

先来说图 5-42 的案例，构成画面的元素很简单，一双女性的眼睛，一片黄瓜片，其中黄瓜片需要用蒙版适当调整其内部的半透明程度。黄瓜墙之所以比黄瓜片的颜色要淡，肌理更弱，是因为黄瓜墙充斥了绝大部分背景，为了保证整个画面的视觉聚焦点在中间的产品和文案上，它们必须要被弱化。

怎么将一片黄瓜变成一屏幕黄瓜？复制很多片出来，旋转得到不同的角度，图层不透明度在 80% ～ 100% 之间波动，通过图层样式做点阴影，再拖动到不同位置即可。

女性脸部露出的部分需要加上黄瓜片留下的阴影，虽然之前黄瓜片上已经做了阴影效果，但是脸和黄瓜片之间的距离要远大于贴得很近的两片黄瓜片的距离，所以黄瓜片图层的阴影远远不够。将黄瓜墙没有遮住的部分用钢笔路径抠出来并转化为选区，以此选区给女性脸部作为蒙版（或按 Ctrl+J 组合键复制为图层），并对此图层做适当的内阴影。

如图 5-43 所示的案例对文案本身也纳入了视觉化的范围。“多种植物精华”采用了绿色的图层样式、“水分 & 养分”采用了蓝色的样式，“水嫩质感”则采用了水珠一般的样式。选取质感丰富的水花素材，再在水花中插入各类成分对应的植物，水面以上的保持原色，水面以下的部分需要盖一层 20% ～ 40% 不透明度的蓝色（从水上取色，以保证颜色统一性）。没入水中的植物和文字需要和水中的气泡有层次间的互动，或前或后穿插，以获得更深的层次感。水面以上的则和溅起的水花有前后层次之分。水花要调节至半透明，气泡则是不透明的。

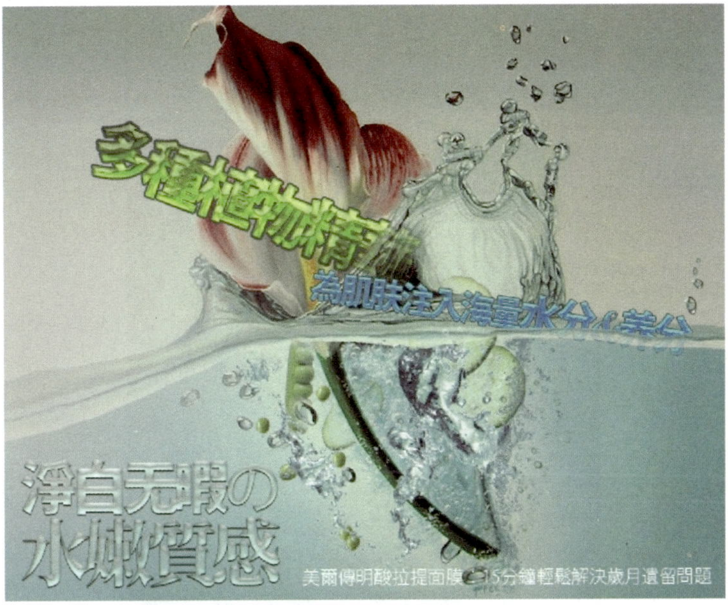

图 5-43 美尔 SPA 淘宝店某产品内页卖点图 4

画面定格在文字和植物一起落入水中溅起水花的瞬间。通常情况下看不到（或者是看不清）的瞬间，被丝毫不差地展示在顾客面前，顾客观看这个画面就仿佛是在凝视那一千分之一秒的瞬间，时间也似乎凝结，会感觉有一种彼岸的美。

在构图上，设计时将整个信息置于画面中央，顾客看到画面的同时就能看到文案。具有动感的水面和文字横向分布，植物、水花和气泡纵向分布，做到了极具动感而又动态平衡。在这一个信息集中营里，信息井然有序，更利于阅读。

如图 5-44 所示的案例为某冰箱卖点图，其主要目的是展示冰箱的超大容量。设计让冰箱高耸入云，颇有顶天立地之势，这是显示大容量的第一层。冰箱门打开，一架客机竟然飞了进去，这是显示大容量的第二层。

图 5-44 KEG 旗舰店某产品（冰箱）内页卖点图

如图 5-45 所示为案例中用到的素材，其中冰箱左门为拍摄的照片，右门因处于画面左下角，且视觉上更为靠近画面近端，透视变形超出相机拍摄范围，故而在 Photoshop 中绘制。门面的拉丝纹理做法如图 5-46 所示，先做杂点滤镜，然后再动感模糊即可。

图 5-45 案例中的素材

图 5-46 拉丝纹理设置方法

通过自由变换（Ctrl+T）命令得到合理的形状，用 0% 硬度的大口径画笔正片叠底画出合适的光影效果图层，其他的几个面没有拉丝纹理，只需顾及光影和云层的倒影即可。

左侧阳光的做法和拉丝纹理原理一致，也是主要用到动感模糊和自由变换。

6. 组合

几张卖点图连续出现时，务必注意彼此之间的联系。一些设计师能处理好一屏幕以内的排版，但是对于超出一个屏幕范围之外的区域往往会犯下错误而不自知。

想象顾客在阅览内页的情景。内页通常长达几千像素甚至上万像素，在阅览比较长的页面时顾客更倾向于滑动滚轮翻页，而眼睛则维持盯住一个区域查看。设计师在排版时，处理两个结构相似的图文混排图的惯用手法是将第二个图文交换。例如，如图 5-47 所示的第一张图左文案右图像，第二张则换为右文案左图像。顾客看完第一张之后，得到暗示，左文右图，因而将目光聚焦在左侧文案部分。而滑动滚轮到了第二张，原本的文案部分变成了图像，顾客更感兴趣的文案部分变更到了视线焦点以外，顾客如果想要了解更多，就不得不移动视线，重新寻找一个最合适的目光聚焦点。如果是更多张图文混排的交替排版，顾客的视线轨迹将不得不反复地来回滚动（如图 5-48 所示示意图，深黑色为视线轨迹），不断寻找感兴趣的内容。而如果顾客耐心不足，当鼠标滚轮滑动后推送至眼前的并不是自己想要看的内容，最坏的结果是造成跳失，最好的结果是顾客跳过该内容，继续滑动滚轮推送新的内容至眼睛的视线聚焦区域。不管如何，这都将造成较差的用户体验，毫无疑问是失败的设计方式。

图 5-47 良品铺子旗舰店某内页图文混排

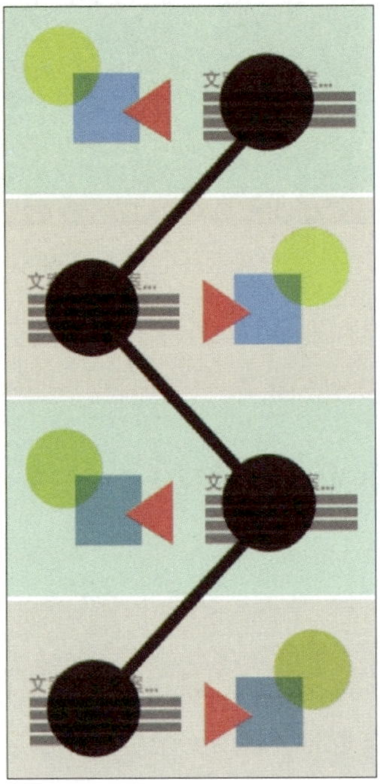

图 5-48 让顾客视线疲于奔命的交替图文混排方式

为了达到更好的用户体验，设计师必须尽量减少阅读页面会花费的用户阅读成本、滑动滚轮、轮播翻页，单击新页面查看、视线左右扫动，都是用户为阅览页面所付出的阅读成本。尽量减少页面长度，尽量在一页内讲清楚内容，尽量让页面前后文富有逻辑性关系，尽量避免让顾客单击，尽量让顾客少移动视线，这些都是设计师时时刻刻需要注意的要点。

5.2.3 情感视觉化

从卖点出发，深入到情感的范畴，从感性的角度去打动顾客，不仅需要文案的煽动性，还需要将情感落实，将之视觉化，从画面上去深入顾客的内心。

如图 5-49 所示的案例是一款塑身裤的内页卖点图之一，图中的人物所穿着并非该产品。由于在这之前的模块已经出现过了产品，所以不需要每张卖点图都继续出现产品，否则在这一点上顾客会认为你在喋喋不休。

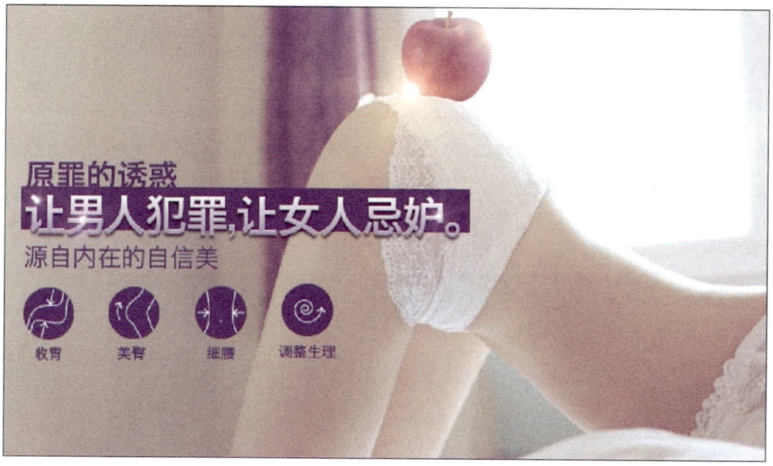

图 5-49 完美曲线旗舰店某产品内页卖点图

文案极力想呈现一种充满诱惑力的氛围（诱使人犯罪，诱使人忌妒）。设计选用了一张坐姿的模特图，将之抠图旋转至图 5-49 的角度。将合适的场景素材置于其后，并镜头模糊，注意略带杂色，做出噪点的感觉。复制一层稍微错开，再镜头模糊，调节不透明度，以模仿焦外成像时出现的二线性。

此时模特所处光源环境已经改变，故而应以模特图层为界，新建图层画出适当的逆光效果，这些补光的图层以模特图层为剪贴蒙版将节省很多时间。补光时务必要留心模特的皮肤肌理和体积感，以免于露出破绽，被读者拆穿。

模特身上的苹果并没有被放置得很平稳，看起来似乎快要滚落下来，这是设计师有意为之。一个完全趋于平衡和静态的图片让人难以提起欲望，而略微不平衡的图片更具有动态的势能。

读者都在担心苹果要从模特身上跌落，而接下来的瞬间，谁会成为下一个牛顿，被这颗象征着原罪的苹果砸到脑袋呢？

意象与意境

设计师通过设计营造一个意境，让顾客沉浸其中。意象是打开意境大门的钥匙。图 5-49

展示的案例中，即将滚落的苹果就是一把钥匙，他串联起设计和顾客，通过对原罪的象征将顾客引导至遐想的乌托邦。

如图 5-50 所示的案例是基金产品的内页海报图，文案为“潜心挖掘，脱颖而出”，试图抓住顾客于基金所抱有的特殊心理，进行情感上的营销。

图 5-50 天弘基金旗舰店某产品内页广告

广告图采用方形构图，将半截玉环和石块拼合在一起，拼合处绽放出耀眼的光芒。有谚语是这么说的，“是金子总会发光”，也有谚语说，“宝剑锋自磨砺出”，这里发光的是美玉，美玉打磨自顽石，其间颇具人生哲理，可供人反复玩味。和寻常做法的大打亲情牌有所不同，购买基金的顾客通常偏向于理性购物，只能从充满着“格物致知”一类的励志故事着手。

通过对玉和石这一意象，所折射出来的有关为人之道的意境，形成一张无形的网，让顾客为之反复推敲、玩味不已，进而从质疑产品的初始态度变得相信产品，这理解产品，这是情感营销的理想状态。

继续来看一个基金的产品内页局部，如图 5-51 所示的案例是一种更长远、更细水长流的情感营销设计。基金产品的特殊性并非让常规商品卖家无法借鉴，反而可以视为是一种将原本模棱两可的猜想推演放大后的极端案例。正因为够极端，结论才足够有说服力。

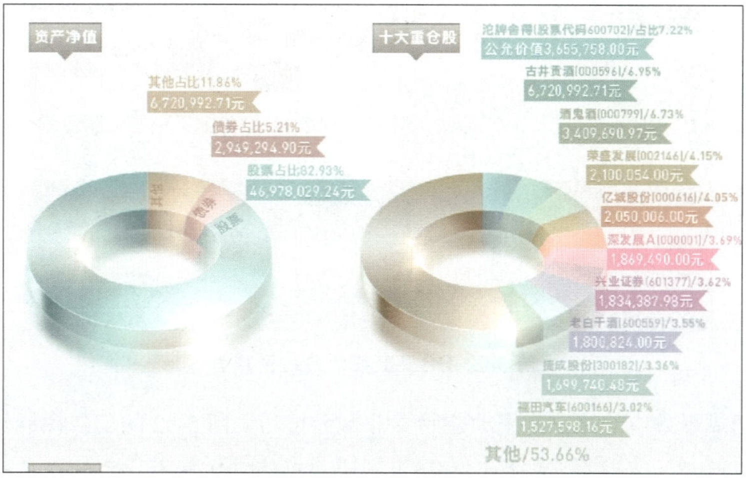

图 5-51 天弘基金旗舰店某产品内页数据图

并非所有的产品都适合，或者说有机会去做有具体意象的情感营销。而这种情况下，图 5-51 案例做法的意义更彰显出来：通过对原本毫无情感所言的数据在视觉上充盈了感情色彩的描绘，顾客得以去体会这一情感，进而产生对店铺和产品的一种感情上的信赖（事实上小狗电器等原本冷冰冰的家电产品也是这么做的）。

如图 5-52 所示的案例，其产品受众大多是追逐潮流的时尚青年，而该产品外观本身就挺时尚，之所以还在内页打亲情牌，是因为其价格和同类产品相比起来确实不能说有优势。当顾客对产品的外观报以肯定的态度，并确信产品音质也还不错时，却因为产品定价望而却步，实在是莫大的损失。这一比例占了相当大的顾客群体，其实打心眼里想要拍下产品，此时打出恰当的亲情牌，就能拉拢他们，扭转其观望的态势。

图 5-52 DBEST 某产品内页广告

然而充当蝴蝶效应的这一次扇动翅膀并非毫无技巧。图 5-52 的广告图展示了该产品的多功能用法。胎教、听课文、挂饰、收音机，这些功能其实并不比别的产品有优势，市场上大部分的产品也能做到。而设计师通过展现“伴随一生”这一意象，将产品的功能和性价比无限地放大了。同样是播放 MP3，通过这样的渲染之后变成了可以用于播放胎教音乐、催眠曲、口令操、黄梅戏等。

这张亲情牌也在为顾客购买制造更多理由。可以送给带孩子的年轻妈妈，送给正上学的侄子侄女，送给童真无邪的弟弟妹妹，送给青春年少的年轻朋友，送给有身孕的准妈妈，送给晨练的爷爷奶奶……

这些诸多的促使购买的潜台词，同时在一张广告图上完美展现，编织出一个让人不由得不信服的曼妙意境，却显得诚恳而不造作。

如图 5-53 所示的案例是一个十分糟糕的情感营销反例。这样的一个模块，竭尽所能地去牵强附会，干瘪瘪地抛出送这个送那个，从一开始就犯下了不懂幽默的大错。顾客当然知道情人节要买礼物送女友送老婆，可这和产品（化妆品）本身丝毫没有关系。非但如此，情人节这样的日子两口子过一下就是了，为什么一定得普天同庆，要送婆婆，送丈母娘，送亲戚和送姐妹闺蜜呢？

图 5-53 某旗舰店产品内页广告图

作为一个品牌，这样不顾一切的吆喝，只会自降身价，难以获得顾客的信任和好感。先前建立的种种良好印象都会因此而瓦解，不论设计和文案策划方案如何努力，最终也弥补不了这种决策性上的失误。

第 6 章

视觉营销数据化

6.1 什么是视觉营销数据化流程

在淘宝，视觉是所有营销行为最终的承载体，是买家与卖家之间的桥梁，因此，视觉已经不是简单的符合审美便能合格的。很多卖家都知道视觉在运营中的重要性，但在实施的过程中却往往如无根浮萍，做出的效果形有余而神不足，无法起到页面应有的作用。

那么，什么样的视觉才能称为好视觉，一个好的视觉又是如何诞生、如何验证、如何延续呢？其实，电子商务零售和传统渠道零售之间最大的区别就在于对比传统零售渠道来说，电子商务零售更容易多纬度的采集数据，数据量也更精准。特别是淘宝这样的开放式平台，可供参考的数据量更大，这时候，对传统视觉呈现来说很困难但又是灵魂类的一项工作——数据分析，在这里就变得相对简单很多。

当明白了数据分析是一个好的视觉呈现的灵魂后，大家最想知道的就是哪些数据可以为视觉所用，这些数据的源头在哪，又如何进行分析。但其实笔者认为，数据之所以称为数据，一定是已经发生过的事情才能产生数据，数据并不能改变过去，也不见得就一定能改变未来，零散的数据指标给我们更多的是结果的一种衡量标准，而真正的视觉数据分析肯定不是光几个数据指标就能解决的，其实大家认真思考，数据的产生其实都是根据一个流程而产生，那么我们是不是就可以领悟：一个好的流程是数据分析的基础。一个不好的流程，对其进行的数据分析往往是建立在一堆错误的结果上面分析其相对好的一面，而针对一个好的流程进行数据分析是在一堆相对正常的结果上面分析其更好的一面，同样是分析，但却有着天壤之别，所以，要进行有效果的数据分析，就应该有一个好的流程化。

前面五个章节中，其实在点的运用方法和数据分析上已经有了很多案例，本章更多的和大家探讨一个问题，视觉营销数据化的一个简单，有效的流程，并且这个流程在实施的过程中数据分析怎样介入。

从整个视觉数据流程模块来谈，总的分为三个部分，一是前期收集定位、二是中期应用设计、三是后期分析修正。这三个部分如同一个铁三角，缺一不可，同时是整个视觉最终的呈现能够形神兼备的一个保证。下面我们就按这三个流程模块来展开一个完整的视觉数据化流程。

6.2 视觉营销数据化前期收集与定位

对于定位，很多人都知道其重要性，但很多人却不清楚其定位的方式。其实在淘宝这个平台上，重要的定位有三个：产品定位、价格定位、群体定位。做好这三个定位后，视觉定位便可以根据这个定位来进行匹配。

视觉定位有两个重点，一个是店铺整体的视觉定位，另一个是描述页面产品展示的逻辑结构定位，而这两点可以借助数据进行分析。这时候大家会发现，其实视觉营销并不是独立的工作，它其实就是店铺运营的一个环节。

6.2.1 店铺整体视觉定位

在做全店整体视觉定位前，我们要收集大量的数据，比如，产品风格数据，各价格区间所匹配的消费人群等。从 2012 年开始，淘宝一直在强调“小而美”，其实也是在告诉商家，细分市场、细分类目、细分风格、细分人群的重要性。那么视觉上也是如此。通常在确定店铺风格时，第一考虑因素是产品风格，这时候京要收集数据，如在我们的类目中，目前整个市场有多少种品类，多少种风格，什么才是我们的优势等。通常这在淘宝的类目频道都有此类风格风格或者属性分类。比如以女装行业为例，如图 6-1 所示为目前女装类目主要的分类。

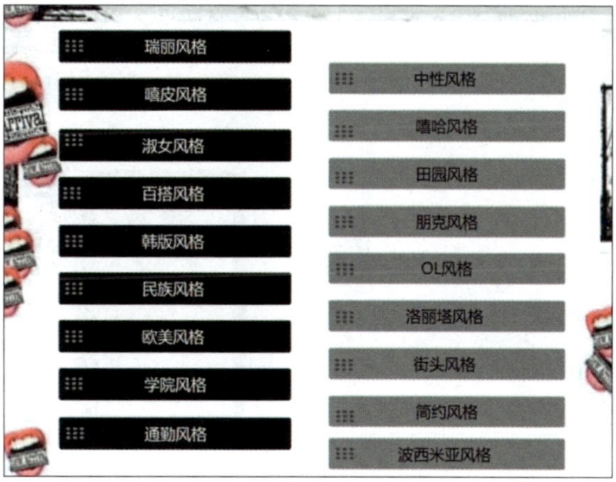

图 6-1 淘宝女装风格定位

在选择了产品整体风格定位后，分析各个风格的特色，参考该风格的店铺，总结出该风格的典型特征。如图 6-2 至图 6-5 所示。

图 6-2 淘宝女装风格解析一

图 6-3 淘宝女装风格解析二

图 6-4 淘宝女装风格解析三

图 6-5 淘宝女装风格解析四

在对产品风格做出总结后，应该再对人群进行分析。淘宝有大量的数据源可以参考，最有效的是数据魔方和淘宝指数。通常我们要从多个纬度进行人群分析，如下面几组数据图表及解析。

图 6-6 是店内男女成交比例和购买年龄的分布，这个数据对商家来说很重要。中国是一个感性消费的社会，有一句老话：出钱的人做主。也就是说，商家一定要清晰一件事情，这个视觉效果是做给什么人看的，这些人有什么鲜明的特征，所以第一件事情是要分清男女比例。

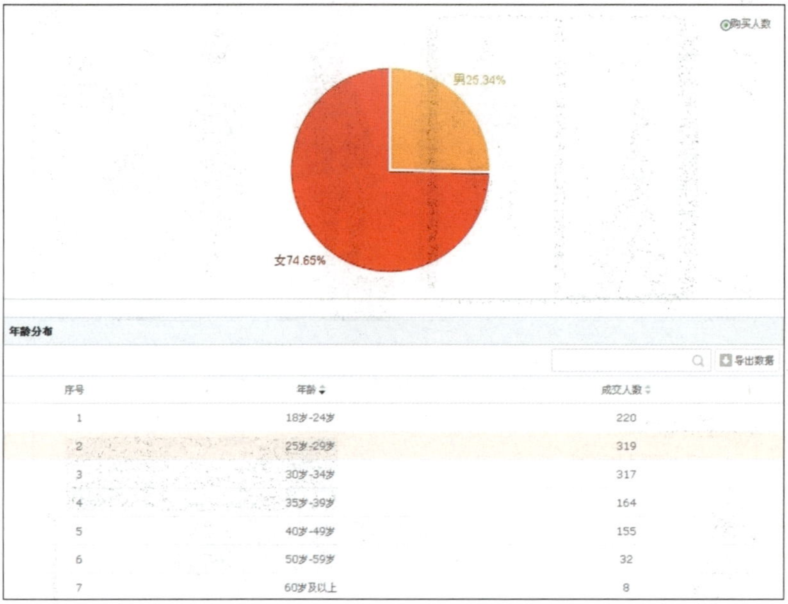

序号	年龄	成交人数
1	18岁-24岁	220
2	25岁-29岁	319
3	30岁-34岁	317
4	35岁-39岁	164
5	40岁-49岁	155
6	50岁-59岁	32
7	60岁及以上	8

图 6-6 店内男女购买比例及购买年龄分布

图 6-7 是店内客单价区间及成交笔数的数据，这个数据给商家的指导性也很强，结合图 6-7 的数据商家可以了解，不同年龄、不同性别分别人群的消费能力。更近一步了解顾客。

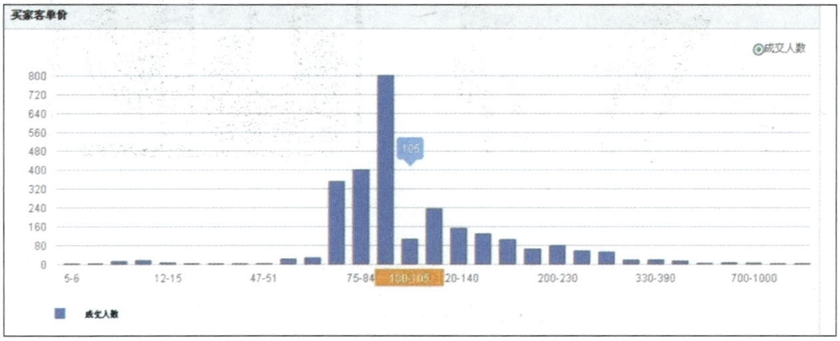

图 6-7 店内客单价区间及成交笔数

图 6-8 至图 6-11 是淘宝指数对人群定位的各种特征解析。其中包含了全网该品类关键词下面所有成交的分析，囊括了男女比例，星座分析，年龄分析，搜索和成交占比，搜索和成交人群的各种属性特征对比。这些非常全面的数据可以给商家非常全面的指导，并做出整体店铺视觉效果的一个核心定位。

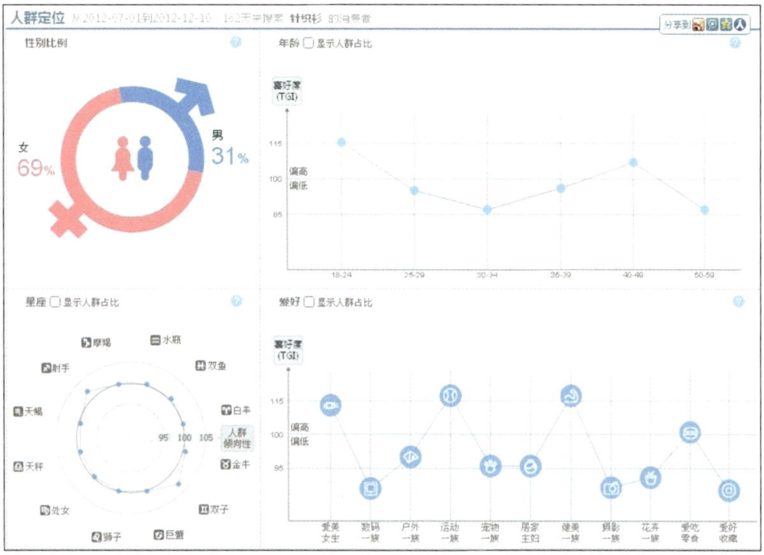

图 6-8 淘宝指数对人群定位的解析一

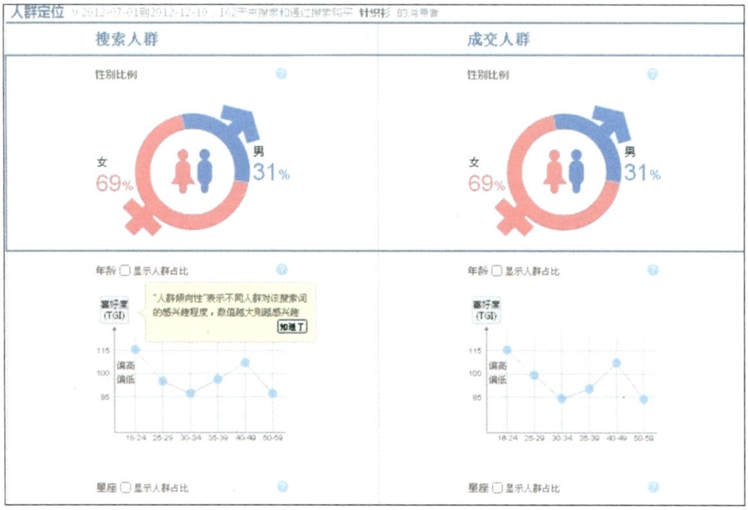

图 6-9 淘宝指数对人群定位的解析二

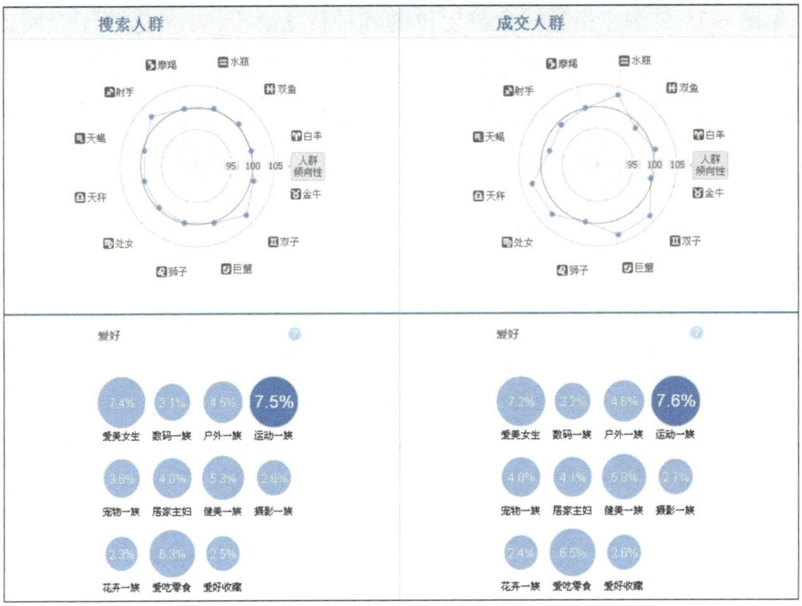

图 6-10 淘宝指数对人群定位的解析四

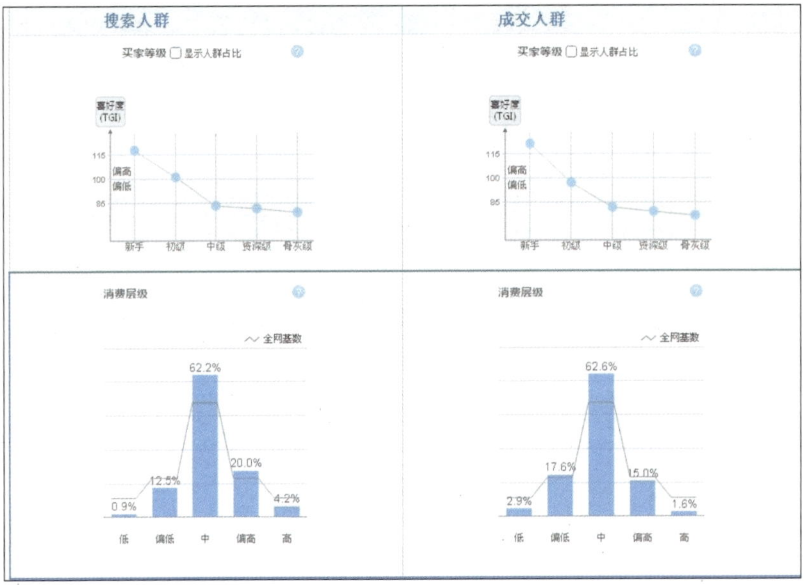

图 6-11 淘宝指数对人群定位的解析五

6.2.2 描述页面产品展示的逻辑结构定位

全店视觉定位后，我们的整体视觉框架就能统一，并且有很强的人群针对性和匹配性。这时候商家要再满足顾客的第二视觉需求，就是产品本身的视觉需求。这个需求的满足也是产品转化销售的一个基础。那么，在动手搭建描述页面时，要做哪些工作呢。这个工作通常有三个重点：一是产品属性数据；二是拍摄脚本设计；三是展现逻辑设计。

产品属性数据通常由产品部提供，内容要详细的写上产品各项属性指标、产地、原理和上一代产品的差异等，越详细对后面的落地性工作越具指导性。运营在拿到这些数据后必须配合视觉设计人员及文案写作人员针对产品特性，结合 6.2.1 节收集的人群定位分析，及店铺的最终定位，设计一份给模特及摄影师参考的拍摄脚本。这个工作及其重要。现在是读图时代，淘宝更是“卖图时代”，同时，拍摄成本也是视觉成本中份量非常大的一个部分。在运营层面，这些产品图片还涉及到成交转化、客户认知、回头频率、流量稳定等众多因素，因此一定不能盲目的进行产品拍照，必须要有很好的策划和分析。这时候数据分析已经不再是简单的数字，更多的还要融合到各个细节中。

按脚本出完照片，按下来就是一个展现逻辑的设计。这时候，淘宝并没有一个完整的逻辑结构数据可以参考，但是商家可以建立一套竞争对手的 SWOT 对比模型来设计这套逻辑。这个模型涉及的纬度如模特质量、图片质量、尺码、价格、销量、材质、颜色、转化、运输、预计成本等众多细节。然后把自身店铺产品和竞争对手产品进行比较，采取人无我有、人有我优、人优我避的策略制定整体产品页面逻辑结构。

6.3 视觉营销数据化中期应用与设计

在收集了足够的产品本身、客户人群及竞争对手数据后，商家制定了店铺整体视觉方案及页面逻辑方案。这时候就会碰到第二个难题，页面里面的细节工作非常多，而且根据产品品类的划分，不同产品页面也有不同的功能，这时如何在视觉上进行整合，进行细分呢。大量的数据可以一一解决这些难题。

最核心的就是产品罗列，前几个大章节中列举了多种产品罗列方式，但商家在运用这些方式时会碰到的难题是如何选择罗列的顺序和展示的产品选择。这些问题除了用经验来判断外，还有不少数据可以选择，如下面几组数据所示。

图 6-12 可以了解整个市场最热门的产品属性搜索关键词，来判断产品罗列的主要方向。

图 6-12 淘宝搜索框关键词推荐

图 6-13 可以告诉我们目前该类目淘宝主要的推荐属性，来判断产品的属性排列。

图 6-13 淘宝关键词属性推荐

图 6-14 告诉我们目前类目热销的属性组合。这个数据可以让我们准备的判断店内页面搜索的推荐、分类设置及搭配推荐组合。

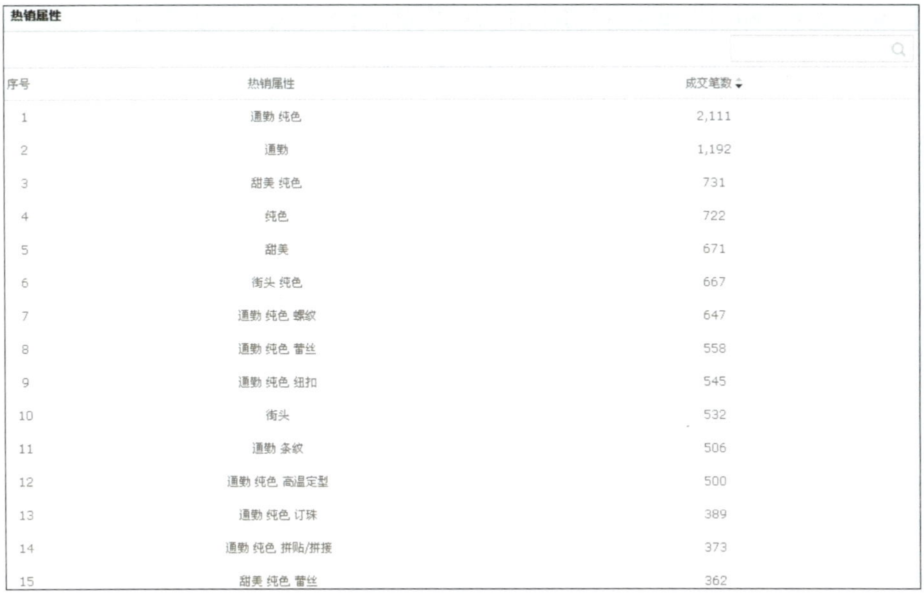
热销属性

序号	热销属性	成交笔数
1	通勤 纯色	2,111
2	通勤	1,192
3	甜美 纯色	731
4	纯色	722
5	甜美	671
6	街头 纯色	667
7	通勤 纯色 螺纹	647
8	通勤 纯色 蕾丝	558
9	通勤 纯色 纽扣	545
10	街头	532
11	通勤 条纹	506
12	通勤 纯色 高温定型	500
13	通勤 纯色 订珠	389
14	通勤 纯色 拼贴/拼接	373
15	甜美 纯色 蕾丝	362

图 6-14 类目热销组合排名

图 6-15 是不同类目属性当中热卖的二级属性排名，这个数据可以给我们充分的二级属性热卖资料，对商家的属性导航、功能性分类及根据属性库存来划分优先推荐等级都有着很强的指导意义。

图 6-15 类目各属性热卖排名

图 6-16 是魔方淘词里和某一关键词相关的搜索词数据，这个数据里对每个词每天的搜索人气、点击率、转化率，甚至直通车出价都有精确的计算，这个数据对商家页面推荐的前后顺序起到决定性的作用。

序号	关键词	搜索人气	搜索指数	占比	点击指数	商城点击占比	点击率	当前宝贝数	转化率	直通车
1	针织衫	16,341	64,541	13.01%	21,557	35.73%	32.66%	7,300,612	0.28%	1.46
2	针织衫 女	10,019	33,191	6.6%	11,880	32.24%	35.05%	3,257,928	0.32%	1.28
3	针织衫 男	8,290	37,624	7.5%	14,972	46.15%	39.05%	1,406,969	0.75%	2.94
4	冬季女装针织衫针织套头衫韩版秋装大码宽松	3,260	5,333	1.02%	1,020	0.00%	18.49%	795	0.00%	0
5	针织衫 女 中长款	2,699	11,704	2.28%	5,112	19.03%	42.94%	474,977	0.42%	1.41
6	针织衫 女 开衫	2,674	10,074	1.96%	4,520	23.51%	44.14%	993,817	0.39%	1.12
7	针织衫 女 韩版	2,082	9,108	1.76%	3,342	17.39%	35.95%	1,432,834	0.26%	1.02
8	娃娃领针织衫	2,006	8,348	1.61%	5,489	18.2%	65.19%	116,069	0.41%	0.65
9	针织衫 女 套头	1,713	8,051	1.56%	2,991	21.32%	36.41%	1,498,414	0.25%	1.27
10	针织衫 长款	1,497	5,400	1.04%	2,119	15.5%	38.5%	917,566	0.26%	0.98
11	开衫针织衫	1,477	4,835	0.92%	2,061	19.76%	41.9%	1,998,367	0.37%	1.23
12	针织衫 蝙蝠袖	1,250	4,913	0.94%	2,035	12.41%	40.69%	660,898	0.21%	0.75
13	假两件套针织衫女	1,237	5,177	0.99%	2,321	31.96%	44.1%	65,259	0.28%	0.64
14	中长款针织衫	1,105	4,853	0.93%	2,023	19.97%	40.95%	685,533	0.47%	1.23
15	假两件针织衫 男	839	3,530	0.67%	2,152	63.41%	60.35%	82,423	1.41%	3.05

图 6-16 淘词关键词搜索数据

在结合 6-12 至 6-16 这几组数据后，商家又能得出一个最重要的信息，那便是关联销售的指导数据。从上面几组数据中，商家可以挖掘各个属性之间的搭配性、顾客的需求度、竞争对手的指数来判断各类单品应该搭配关联销售的最佳方案。

6.4 视觉营销数据化后期分析与修正

在结合了数据做好定位，并落地成店铺视觉页面后，商家最后一件重要流程便是根据数据进行视觉分析与修改。这时店里的最佳诊断工具量子恒道便起到关键作用。我们来看以下几个重要数据纬度给商家后期的指导作用。

图 6-17 是店内实时访问数据，这个数据可以让商家实时掌握客户访问路径，从中修改页面结构。并找出主要入口页面及跳失最频繁的页面。这组数据可以指导商家加大主要入口产品的推广力度并持续优化该产品标题图片，保证点击率。同时又可以找到跳失率最大的页面，有针对性的进行其它产品关联，因为通常跳失率大的页面其实访问量不一定少，可能因为产品的各个竞争优势不明显，所以才使其跳失率上升，这类页面可以关联大量性价比高的产品，就像是超市出口的小柜台上通常会放一些小客单价的产品吸引顾客最后的购买率。

实时客户访问

序号	访问时间	入店来源	被访页面	访客位置	顾客跟踪|回访客
1	01:06:49	商城搜索	2012新款女装纯色V领长袖毛衣小外套针...	山东聊城市	顾客116
2	01:05:59	淘宝客	本店首页	天津	顾客115
3	01:05:59	淘宝站内其他	2012秋冬季新款女士纯色修身经典套衫背...	广西南宁市	顾客102 |
4	01:05:01	商城搜索	2012早春装韩版女装波点外搭长袖毛衣小...	广西贵港市	顾客114
5	01:04:26	直接访问	泰麦克斯 2012秋冬韩版宽松毛衣外套 ...	山东青岛市	顾客108 |
6	01:04:12	淘宝客	秋冬季女装韩版口袋短袖针织衫中长款宽松毛...	江苏南京市	顾客113
7	01:03:53	淘宝搜索	淘金币2012秋冬女装欧美螺纹镂空v领针...	江苏苏州市	顾客112
8	01:03:36	淘宝站内其他	2012秋冬季新款女士纯色修身经典套衫背...	广西南宁市	顾客102 |
9	01:03:16	店内浏览	本店首页	湖南长沙市	顾客109 |
10	01:02:49	直接访问	2012男装毛衣韩版修身加厚针织衫扭花长...	四川成都市	顾客111
11	01:01:43	直接访问	泰麦克斯 2012秋季女韩版圆领纯棉针织...	甘肃兰州市	顾客110
12	01:01:34	直接访问	2012秋冬季新款女士纯色修身经典套衫背...	湖南长沙市	顾客109 |
13	01:01:27	店内浏览	2012秋冬欧美男装外套纯色纯棉长袖v领...	湖南长沙市	顾客109 |
14	01:00:50	直接访问	泰麦克斯 2012秋冬韩版宽松毛衣外套 ...	山东青岛市	顾客108 |
15	01:00:38	淘宝搜索	淘金币2012秋冬女装欧美螺纹镂空v领针...	湖南长沙市	顾客109 |
16	00:59:58	店内浏览	本店首页	福建福州市	顾客105 |
17	00:59:56	宝贝收藏	2012男装毛衣韩版修身加厚针织衫扭花长...	浙江金华市	顾客104
18	00:59:39	淘宝站内其他	泰麦克斯 2012秋装 新款女装 针织衫...	广东江门市	顾客107
19	00:59:35	淘宝站外其他	欧美风格长袖纯棉素色经典女装毛衣外套针织...	俄罗斯	顾客106

图 6-17 店内实时访问数据

图 6-18 是店内分类访问排名，众所周知，页面分类的前三至前五个分类是点击率最大的分类，商家可以根据这个数据来调整所有分类的顺序，提高页面的访问深度。

选择时间段：2012-12-01 到 2012-12-12 查看 快速选择：今天 昨天 前天 最近7天 最近30天 本周 上周 本月 上月

输入分类名： 查询

2012-12-01 到 2012-12-12数据

分类页名称	浏览量	浏览量日均值	访客数日均值
宝贝列表页	4,353	363	130
宝贝列表页	4,297	358	127
特价	1,906	159	68
宝贝列表页	1,204	100	22
精品背心	788	66	57
3折包邮	780	65	40
打底衫	559	47	44
宝贝列表页	531	44	17
套衫毛衣	321	27	14
宝贝列表页	276	23	9
精品背心	137	11	11
5折包邮	134	11	5
开衫毛衣	124	10	9
新款上市	120	10	5
围巾	87	7	7
打底衫	80	7	6
2012/10/11	63	5	2
宝贝列表页	45	4	2
配件	32	3	2
女童	23	2	2
男童	21	2	2
配件	18	2	2
开衫毛衣	3	0	0
100	2	0	0
开衫毛衣	2	0	0

图 6-18 分类访问排名

图 6-19 显示的是店内首页的各项访问数据，这组数据对首页的效果验证及修正有很强的指导意义。商家可以根据首页的数据汇总分析首页的效果，并通过首页到宝贝页面及首页到分类页的数据来调整首页里单品推荐及分类的调整。

图 6-20 是店内宝贝访问排名，这是一组非常直观的数据，直白的告诉商家店铺内单品流量最大的几款产品，这对于首页产品罗列的修改及描述页面关联产品的替换都有很大的指导作用。

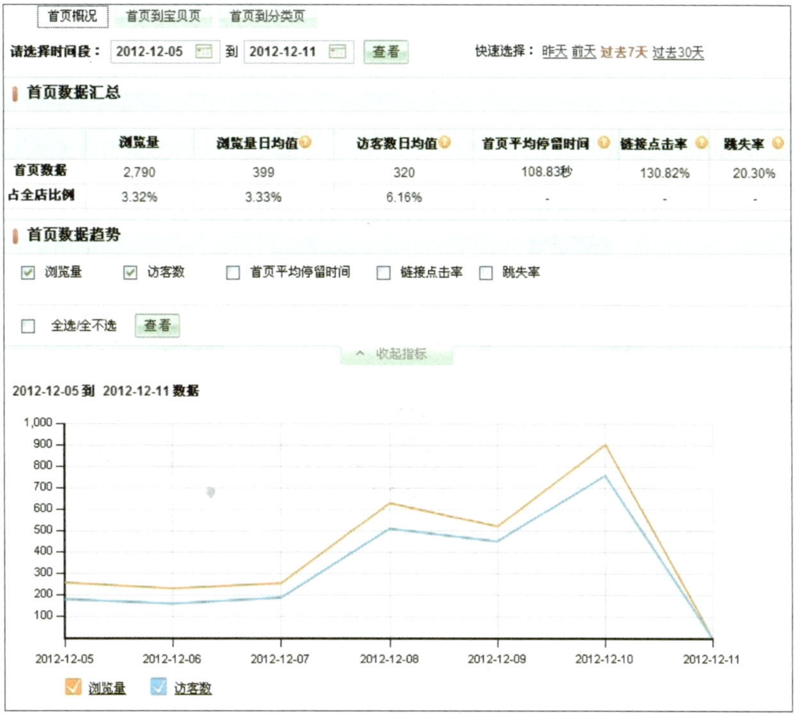

图 6-19 首页访问数据

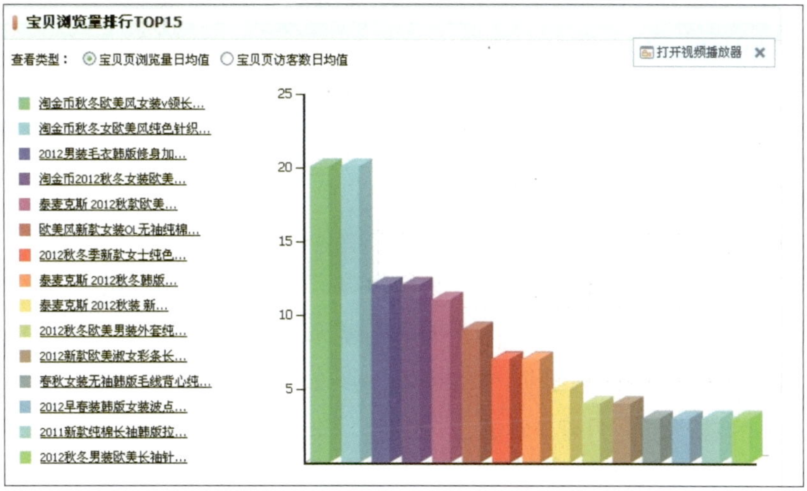

图 6-20 店内宝贝访问排名

图 6-21 告诉商家的是每个产品的流量来源，这对于最终判断视觉在各个入口起的作用。根据不同的入口产生的不同效果，调整入口图片。

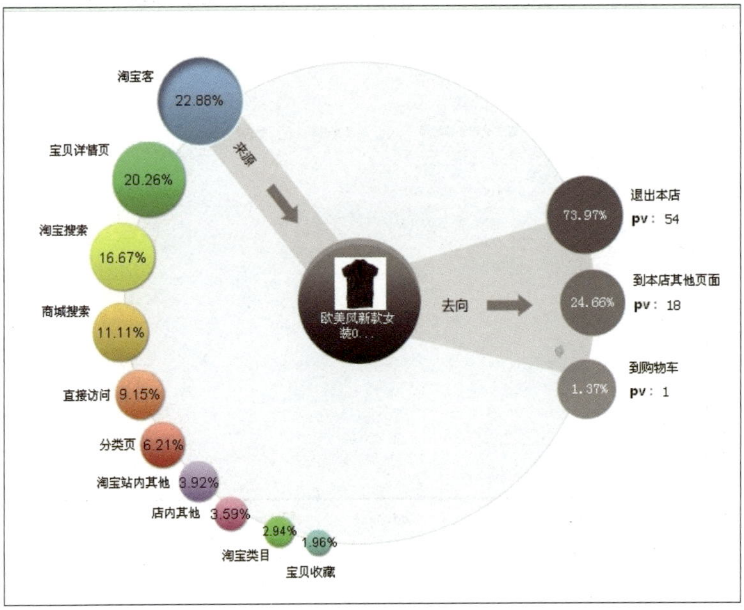

图 6-21 宝贝页来源解析

6.5 视觉营销数据流程化的总结

淘宝的数据无处不在，给供商家采集的数据也越来越丰富，越来越详细。而视觉营销最终的目的是为销售服务，也就是说，视觉工作绝对是店铺运营的一个组成部分，只有站在运营的角度看待视觉的工作，才能准确的进行判断。电子商务时代是一个数据化运营的时代，只有多纬度的参考数据，站在数据的角度想问题，出方案，才能最大程度的减少试错的成本，并及时的对结果进行分析，做出正确的修改。总之，视觉营销的本质还在于营销，营销的本质在于数据分析。只有理解了这个道理，才能称之为合格的视觉工作。

電子工業出版社
PUBLISHING HOUSE OF ELECTRONICS INDUSTRY
http://www.phei.com.cn

电商图书
旗舰品牌

明星图书推荐

淘宝大学 电商精英 系列教程

《网店推广.店铺内功》
定价：69.00 元

《网店推广.实战分析》
定价：79.00 元

《网店推广.核心工具》
定价：69.00 元

《网店美工实操》
定价：59.00 元

《网店视觉营销》
定价：59.00 元

《数据化营销》
定价：68.00 元

《流程化管理》
定价：68.00 元

《电商大数据——用数据驱动电商和商业案例解析（软精装）》
雪鹰传奇 著
ISBN：978-7-121-22556-7
定 价：98.00元
淘宝开店天猫电商必读，决战大数据时代必读，国内第1本将大数据与电商完美结合的权威之作！

《中小网店流量宝典》
杨鑫 著
ISBN：978-7-121-23883-3
定 价：59.00元
让您花费最少的成本，获得更多流量。

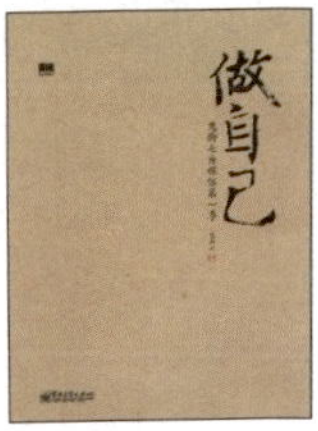

《做自己——鬼脚七自媒体第一季》
鬼脚七 著
ISBN：978-7-121-20710-5
定 价：77.00元
鬼脚七第1本自媒体著作，分享电商正能量。

《30分钟玩转视频营销（全彩）》
刘徽 著
ISBN：978-7-121-23162-9
定 价：59.00元
视频营销，未来十年最有价值的营销武器。

《移动互联网时代的品牌密码：重建用户口碑相传法则》
叶坚峰 著
ISBN：978-7-121-24152-9
定 价：49.00元
移动互联网时代，如何在线上做品牌。

《价值为王——互联网精准营销实战密码》
高学争 编著
ISBN：978-7-121-24011-9
定 价：80.00元
互联网精准营销的集大成者，更翔实的内容助力网络创业。

电商图书
旗舰品牌
博文电商
全面拯救你的店铺！
淘宝（天猫）这么玩才赚钱！
视觉不哭
运营不累
客户不丢
淘宝大学卖家秘籍 官方权威作品！
集20位淘宝大学老师与核心卖家多年经验，
从卖家角度出发，诠释如何做好淘宝（天猫）！
官方微信：
wangshang03
精品电商图书
O2O来了
移动营销圣经
传统企业电商实战策略
左手微博 右手微信
品途网O2O入门级教程，国内外O2O案例对比写作！
移动互联网时代网络营销箴言
传统企业做电商、上天猫就该这样玩！
上百个微信微博运营案例大揭密，一本书掌握微营销的奥妙
跨境电商 阿里巴巴速卖通宝典
中国淘宝村
移动互联网营销宝典
电商时代传统企业O2O之道
阿里巴巴官方作品！
农村电商新趋势参考图书！
微信、O2O、二维码、微店……能够落地的移动营销宝典
让您的O2O战略顺利落地执行！